FACULTÉ DE DROIT DE POITIERS.

DE

LA LÉGITIME

EN DROIT ROMAIN

ET

DE LA RÉSERVE

EN DROIT FRANÇAIS

THÈSE

POUR LE DOCTORAT

Soutenue le jeudi 17 décembre 1863, à 2 heures 1|2 du soir,

DANS LA SALLE DES ACTES PUBLICS DE LA FACULTÉ

Par F.-C. DRUET,

AVOCAT,

Né à Loudun (Vienne).

POITIERS

IMPRIMERIE DE A. DUPRÉ

RUE DE LA MAIRIE, 10.

1863.

DE
LA LÉGITIME

EN DROIT ROMAIN

ET

DE LA RÉSERVE

EN DROIT FRANÇAIS

THÈSE
POUR LE DOCTORAT

Soutenue le jeudi 17 décembre 1863, à 2 heures 1|2 du soir,

DANS LA SALLE DES ACTES PUBLICS DE LA FACULTÉ

Par F.-C. DRUET,

AVOCAT,

Né à Loudun (Vienne).

POITIERS

IMPRIMERIE DE A. DUPRÉ

RUE DE LA MAIRIE, 10.

1863

COMMISSION :

PRÉSIDENT, M. A. PERVINQUIÈRE ✣.

SUFFRAGANTS, { M. GRELLAUD ✣, doyen,
 M. BAGON,
 M. LEPETIT, } Professeurs
 M. ARNAULT DE LA MÉNARDIÈRE, Agrégé.

———•—————

Vu par le président de l'acte,

A. PERVINQUIÈRE ✣

Vu par le doyen ,

H. GRELLAUD ✣

Vu par le recteur :
Pour le recteur,
L'inspecteur délégué ,
E. AUDINET ✣.

Les visas exigés par les règlements sont une garantie des principes et des opinions relatives à la religion , à l'ordre public et aux bonnes mœurs (statut du 9 avril 1825, art. 41), mais non des opinions purement juridiques, dont la responsabilité est laissée au candidat.

Le candidat répondra en outre aux questions qui lui seront faites sur les autres matières de l'enseignement.

Ⓒ

A LA MÉMOIRE DE MON PÈRE.

A MA MÈRE.

A MES PARENTS.

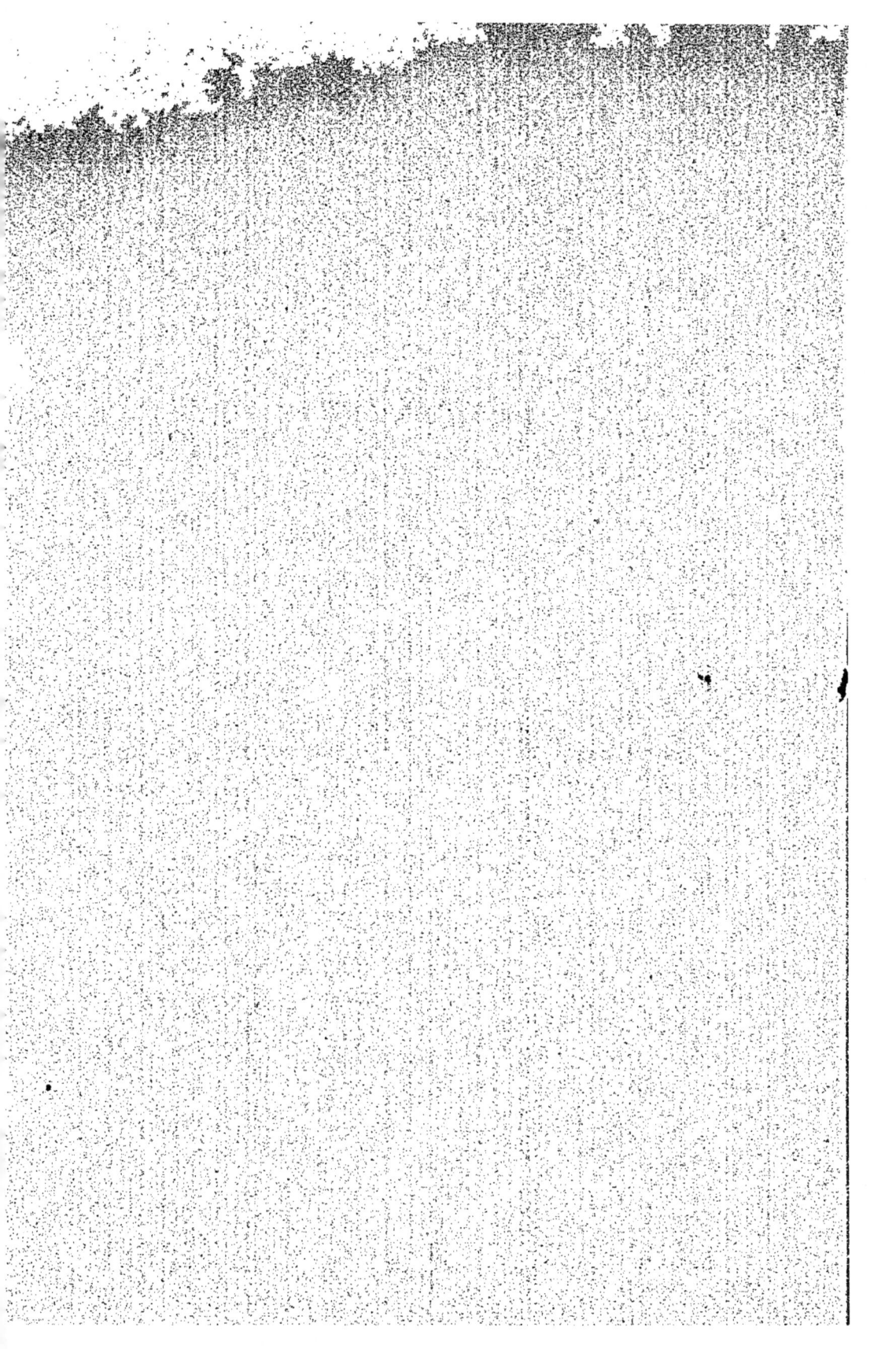

ORIGINE ET PROGRÈS

DE LA

PLAINTE D'INOFFICIOSITÉ

ET

DE LA LÉGITIME

EN DROIT ROMAIN.

Dans tous les temps, le législateur a cherché à assurer à certains parents, au moins en partie, les biens que laissent, à leur décès, ceux dont ils sont appelés à recueillir la succession. Ces parents sont ceux qui, unis par un lien étroit au défunt, formaient véritablement sa famille ; ce sont ceux qui, la plupart du temps, vivaient en commun avec lui, de façon que la nature, sinon la loi, créait entre eux et lui une obligation alimentaire réciproque. Ce sont, en un mot, les descendants, les ascendants, et quelquefois les frères et sœurs.

Mais les institutions destinées à assurer à ces parents une partie des successions auxquelles ils sont appelés, n'arrivent pas immédiatement et dans toutes les législations, à une perfection complète. Quelquefois les droits de la famille légitime sont exagérés aux dépens du pouvoir de disposition, qui doit être laissé à chacun. C'est ainsi qu'à Athènes, avant les lois de Solon, et

1

dans l'ancienne Germanie, les testaments étaient inconnus, et les biens toujours dévolus aux héritiers naturels.

D'autres législations, au contraire, font une part trop large au pouvoir de disposition des particuliers, aux dépens de la famille.

De ce nombre était le droit romain primitif; le principe écrit dans la loi des Douze Tables était celui-ci : *uti pater-familias legassit super familia tutelave rei suæ, ita jus esto*. C'était donc un pouvoir complet et absolu de disposition qui était ainsi accordé à tout père de famille. Cependant les mœurs tendirent peu à peu à conserver le patrimoine du père de famille à ses enfants, en les garantissant contre une volonté capricieuse et injuste. Les jurisconsultes ou prudents imaginèrent un premier moyen d'empêcher les dispositions inconsidérées des pères de famille ; ce fut la nécessité de l'exhérédation. On s'appuya sur cette fiction que les enfants qui étaient sous la puissance du père, étaient, même de son vivant, les copropriétaires des biens de la famille, et que si le père voulait en disposer en faveur d'un étranger, il devait préalablement en dépouiller ses enfants par une clause expresse d'exhérédation. On arriva ainsi à annuler tout testament d'un père de famille qui n'avait pas institué pour héritiers ses enfants et qui ne les avait pas non plus formellement exhérédés.

Mais ce remède était insuffisant à deux points de vue. En premier lieu, la nécessité de l'exhérédation n'imposait au père de famille qu'une simple formalité ; quelquefois elle pouvait lui inspirer un scrupule et l'empêcher de dépouiller ses enfants ; mais, la plupart du temps, un père injuste n'aurait pas reculé devant un obstacle si léger.

Ensuite la nécessité de l'exhérédation ne s'appliquait qu'aux enfants placés sous la puissance du père, aux héritiers siens ; le préteur, il est vrai, l'étendit aux enfants émancipés ; mais il restait encore en dehors de ces règles protectrices un grand nombre de cas à prévoir. Ainsi la mère, l'ascendant maternel, n'étaient pas tenus d'exhéréder leurs enfants; les ascendants et les frères et sœurs ne pouvaient pas, de leur côté, se prévaloir du défaut d'exhérédation expresse.

Alors il dut se faire un nouveau progrès destiné à protéger plus efficacement les droits des enfants, des ascendants ou des frères ou sœurs, en leur permettant d'attaquer directement les dispositions testamentaires où seraient méconnus leurs droits naturels.

Dans ce but, la doctrine des prudents introduisit la règle suivante : Les enfants ou autres parents rapprochés, qui seront exhérédés ou omis sans juste cause, pourront attaquer le testament comme inofficieux, c'est-à-dire comme contraire aux devoirs de l'affection de famille (*officium pietatis*). Le prétexte de cette attaque dirigée contre le testament était que le testateur ne jouissait pas de sa raison lorsqu'il l'avait fait. L'action ainsi ouverte aux héritiers légitimes s'appelait plainte d'inofficiosité (*querela inofficiosi testamenti*).

Nous disons que ce fut la doctrine des prudents qui introduisit cette règle. Cujas pense, au contraire, que ce fut une loi positive, appelée la loi *Glicia*; mais, d'une part, nous n'avons aucun renseignement sur l'époque de cette loi; le nom même n'en est pas bien certain, et la seule raison de lui attribuer l'origine de la plainte d'inofficiosité est qu'un fragment de Gaïus, au titre *de inofficioso testamento*, est tiré d'un commentaire *ad legem Gliciam*. D'autre part, on a beaucoup de raison de penser que ce fut la doctrine, et non une loi positive qui introduisit la plainte d'inofficiosité ; en effet, le motif apparent sur lequel on la fonde, savoir : l'insanité d'esprit du testateur, est un motif tiré du droit civil au moyen d'une extension et d'une fiction artificielle. Une loi positive n'aurait pas eu besoin de recourir à ce procédé. Justinien emploie, du reste, pour désigner l'introduction de cette institution, une expression particulière destinée en général à désigner les innovations introduites par l'usage et les progrès de la doctrine : *Inductum est*, dit-il, *ut de inofficioso testamento agere possent liberi*. Une dernière preuve que la matière ne fut pas réglée par une loi positive, c'est qu'il s'éleva des controverses sur les personnes qui pouvaient attaquer les testaments comme inofficieux. En effet, les jurisconsultes nous apprennent que les procès de cette nature étaient très-nombreux, et ils conseillent aux parents plus éloignés que les frères et sœurs, de s'épargner des frais inutiles en s'abstenant de pareilles actions ; ils montrent par là que de même qu'aucune loi positive n'avait introduit la *querela inofficiosi testamenti*, aucune disposition précise n'en avait non plus fixé les limites.

Enfin l'usage finit par fixer la règle suivante : c'est que la plainte d'inofficiosité était donnée aux enfants, aux ascendants et même aux frères et sœurs, mais à ces derniers, seulement dans le cas où le testateur avait institué pour héritiers des personnes de condition vile.

Pour que le testament fût considéré comme inofficieux, il fallait que l'héritier légitime ne reçût pas dans ce testament le quart au moins de la portion à laquelle il aurait eu droit *ab intestat*. Peu importait, du reste, qu'il eût été ou non institué héritier ; car, s'il avait été institué héritier, mais avec plusieurs autres personnes et de façon à ne pas recevoir le quart de sa portion *ab intestat*, il pouvait attaquer le testament ; et en sens contraire, s'il n'avait pas été institué héritier, mais s'il avait reçu à titre de legs, de fidéicommis ou même de donation à cause de mort, le quart de sa portion héréditaire, il devait respecter le testament.

L'effet de la plainte d'inofficiosité était de faire annuler le testament pour le tout, puisqu'elle était fondée sur cette fiction que le testateur n'était pas sain d'esprit, et elle donnait lieu à une action en pétition d'hérédité *ab intestat*. Il résultait de la cette conséquence rigoureuse : si le testateur avait laissé à ses héritiers naturels le quart précisément de sa succession, ceux-ci devaient s'en contenter, et le testament était valable. Mais si le testateur leur avait laissé un peu moins que ce quart, ils n'avaient pas seulement le droit de le faire compléter, ils faisaient tomber le testament pour le tout et recueillaient toute la succession.

Un tempérament fut apporté à cette conséquence rigoureuse : les jurisconsultes Paul et Ulpien décidèrent que lorsque le père de famille, tout en laissant à son fils moins du quart de la succession, aurait déclaré que ce quart devrait être complété par les héritiers, le testament serait valable, et le fils n'aurait qu'une action *ex testamento* pour obtenir ce complément, et non pas la plainte d'inofficiosité. (Paul, *Sentences*, liv. 3, tit. 5, § 7. — Loi 10, D. *de inofficioso testamento*.) Cette solution fut confirmée par une constitution de Constantin.

Le quart dont on ne pouvait disposer au détriment de certains héritiers privilégiés, avait été fixé par imitation de la quarte Falcidie, et même il en prenait quelquefois le nom. Cependant il faut remarquer que la quarte Falcidie était donnée aux héritiers institués et se composait du quart de la portion héréditaire qui leur était attribuée par le testament lui-même ; la réduction à faire ne portait que sur les légataires et, dans le dernier état de la législation, sur les donataires à cause de mort, mais non sur les autres héritiers institués. De sorte que, s'il y avait, par exemple, quatre héritiers institués, chacun devait se contenter d'un seizième des biens. Le quart attribué aux enfants, aux ascendants ou aux frères et sœurs, était au contraire pour chacun d'eux le quart de leur portion *ab intestat*, et ils y avaient droit à l'encontre des héritiers testamentaires institués à leur détriment ; aussi appelait-on ce quart : *quarta legitima portionis* ; plus tard on l'appela simplement *quarta legitima*, quarte légitime, et enfin il est passé dans le droit écrit de la France méridionale sous le simple nom de légitime.

D'après ce que nous venons de dire, les héritiers privilégiés, que nous appellerons maintenant légitimaires, pouvaient se trouver dans trois situations différentes :

1° S'ils avaient reçu leur quarte légitime soit au moyen d'une institution d'héritier, soit par legs ou donation à cause de mort, soit enfin par donation entre-vifs avec clause d'imputation sur la légitime, dans tous ces cas ils ne pouvaient rien prétendre au delà.

2° Si au contraire ils n'avaient pas reçu le quart de leur portion légitime, et que le testateur n'eût pas ordonné de le compléter, ils agissaient par la plainte d'inofficiosité, qui faisait tomber le testament pour le tout.

3° Si enfin le testateur ne leur avait pas laissé complètement la quarte légitime, mais avait ordonné qu'elle fût suppléée à sa mort, les héritiers légitimaires n'avaient que le droit d'obtenir le supplément qu'il leur attribuait.

Le droit ainsi établi subit quelques modifications sous Justinien.

Il décida en premier lieu que lorsque le légitimaire aurait reçu une portion quelconque de l'hérédité, même inférieure au quart de sa portion, et sans que le testateur eût ordonné de compléter ce quart, il n'y aurait cependant pas lieu à la plainte d'inofficiosité, mais seulement à une action en supplément. Ainsi la plainte d'inofficiosité, qui annule le testament, n'est plus admise que pour un seul cas, celui où le testateur a complétement omis ou exhérédé l'héritier légitimaire, et ne lui a rien laissé à titre de legs ou de donation à cause de mort. (Loi 30, C. *de inofficioso testamento*.)

Plus tard, par la novelle 18. ch. 1, Justinien augmenta la quotité de la légitime en faveur des enfants ; il déclara que cette quotité serait du tiers de la succession, lorsqu'il y aurait quatre enfants ou moins, et de la moitié, lorsqu'ils seraient en plus grand nombre. Pour les ascendants, il la fixa au tiers.

Par la novelle 115, il exigea que les légitimaires fussent institués héritiers pour une portion quelconque. Il ne suffisait donc plus de leur laisser leur légitime soit à titre de legs, soit à titre de donation; il fallait leur conférer le titre d'héritier, à défaut de quoi le testament pouvait être rescindé pour le tout, à la requête des légitimaires.

Si cependant le testateur avait une juste cause d'exhérédation, il pouvait exclure son héritier de sa succession ; mais il devait mentionner cette cause dans son testament, et il fallait de plus qu'elle fût comprise dans les cas fixés limitativement par les novelles 115, ch. 3, et 22, ch. 47; et l'héritier testamentaire était tenu d'en prouver l'exactitude. Avant Justinien, au contraire, les causes d'exhérédation n'étaient pas fixées d'une façon rigoureuse; c'était à l'héritier omis ou déshérité de prouver qu'il l'avait été injustement, et le juge avait plein pouvoir d'apprécier les causes qui avaient pu motiver son exhérédation.

Telles sont, en résumé, les diverses modifications qu'a subies la légitime en droit romain; on voit qu'elle pouvait donner lieu à des actions d'un caractère différent : la plainte d'inofficiosité et l'action en supplément de légitime.

Deux autres actions se rattachent également à ce sujet: l'action en rescision du testament, aux termes de la novelle 115, et la *querela inofficiosæ donationis.* Voici quelle était l'origine de cette dernière action :

La quarte légitime ne portait que sur les biens laissés par le testateur à son décès; par conséquent il pouvait, de son vivant, faire des donations entre-vifs considérables, qui épuisaient sa fortune et dépouillaient sa famille, sans qu'on pût les attaquer. Cette situation attira souvent l'attention des empereurs romains, qui accordèrent, dans certaines circonstances, le droit d'attaquer même les donations entre-vifs par une *querela inofficiosæ donationis*. Mais cette institution ne fut jamais soumise à une théorie rigoureuse, et on ignora en droit romain l'opération qui consiste à calculer la masse de la succession par la réunion des biens existant au décès et des donations entre-vifs.

Pour étudier complétement le mécanisme des différentes actions que nous avons indiquées, nous examinerons :

1° A quelles personnes et sous quelles conditions est due la légitime ;

2° Comment doit être calculée cette légitime ;

3° Quels sont le caractère et les effets des différentes actions accordées aux légitimaires.

CHAPITRE PREMIER.

A QUELLES PERSONNES ET SOUS QUELLES CONDITIONS ÉTAIT DONNÉE LA PLAINTE D'INOFFICIOSITÉ.

L'énumération des personnes auxquelles était donnée la plainte d'inofficiosité comprend tous les enfants et descendants, les ascendants, et les frères et sœurs.

Nous nous occuperons successivement de ces trois classes de personnes, et d'abord des enfants et descendants; mais pour ceux-ci il faut distinguer différentes hypothèses, savoir : celles où il s'agit : 1° d'enfants héritiers siens; 2° d'enfants émancipés donnés en adoption ; 3° d'enfants appelés à la succession de leur mère ou de leur aïeul maternel ; 4° enfin des posthumes de différentes sortes.

1° Les enfants héritiers siens du testateur, lorsqu'ils ont été

exhérédés suivant les formes de la loi, n'ont d'autre recours
que la plainte d'inofficiosité, et cette plainte leur est toujours
accordée, pourvu, du reste, qu'ils réunissent des conditions
que nous examinerons plus tard. Les enfants qui sont *siens*,
c'est-à-dire sous la puissance du testateur, mais qui ne sont
pas héritiers, tels que les petits-fils dont le père est vivant et
placé comme eux sous la puissance du père de famille, ne sont
pas appelés à l'hérédité *ab intestat*, et par conséquent n'ont
pas droit à la plainte d'inofficiosité.

Les enfants adoptifs sont des héritiers siens; mais peuvent-
ils, lorsqu'ils sont exhérédés par leur père adoptif, attaquer son
testament par la plainte d'inofficiosité? Ce point peut faire
quelques doutes pour la législation antéjustinienne. Ces enfants,
en effet, ne sont pas unis à leur père adoptif par les liens du
sang, et il semble qu'entre eux n'existent pas ces devoirs d'affection (*officium pietatis*) qui donnent lieu à la plainte d'inofficiosité. Cependant il paraît établi que les enfants adoptifs lé-
galement exhérédés avaient droit à la plainte d'inofficiosité.
La loi assimilait complétement l'effet de l'adoption à celui de
la filiation légitime. D'autre part, on peut conclure de certains
textes qui refusent, dans certains cas exceptionnels, la plainte
d'inofficiosité à l'enfant adoptif, qu'il y avait droit en règle générale. Ces textes sont : L. 8, § 15, D., et L. 29, § 3, D. *de
inofficioso testamento*. La première de ces lois nous apprend
que l'adrogé impubère n'avait pas la plainte d'inofficiosité,
parce que cette action ne se donnait qu'à défaut de toute autre;
or l'adrogé impubère avait droit, d'après une constitution
d'Antonin, au quart des biens de l'adrogeant, s'il était exhérédé par ce dernier. Ayant ainsi un moyen d'obtenir sa quarte
légitime sans attaquer le testament comme inofficieux, il devait
s'en abstenir. La loi 29, § 3, est relative à l'adoption par les
femmes. Cette adoption ne produisait que des effets incom-
plets, et ne pouvait avoir lieu qu'en vertu d'un rescrit impérial.

Le texte en question nous apprend qu'un enfant adopté par une femme sans un rescrit impérial n'a pas contre le testament de celle-ci la plainte d'inofficiosité ; il semble résulter de là, *à contrario*, que la plainte d'inofficiosité avait lieu en cas d'adoption régulière de la part d'une femme , et à plus forte raison lorsqu'il s'agissait d'une adoption véritable et parfaite de la part d'un père de famille.

Tel était le droit avant Justinien ; mais il laissait encore les enfants adoptifs dans une situation assez précaire. En effet, si le père naturel venait à mourir pendant que l'enfant était sous la puissance du père adoptif, il n'était appelé à sa succession qu'en troisième ligne et par la possession de biens *unde cognati ;* c'était même une question (loi 10 *de adoptionibus,* C.) controversée de savoir si, pour réclamer sa part héréditaire il avait la *querela inofficiosi testamenti.* Sa situation dans sa famille naturelle n'était donc rien moins qu'assurée. D'un autre côté, si, après avoir perdu ses droits dans sa famille naturelle, il venait à être émancipé par le père adoptif, il n'avait non plus rien à attendre de la succession de celui-ci. En effet , l'émancipation brisait le lien purement civil qui l'attachait à son père adoptif ; il n'avait plus aucun droit sur la succession *ab intestat* de ce dernier. En définitive, après avoir été appelé à recueillir des biens dans deux familles, il pouvait n'en avoir ni dans l'une ni dans l'autre.

C'est dans le but de remédier à cet inconvénient que Justinien décida que l'adoption ne produirait ses anciens effets que si elle était faite par un ascendant maternel ; alors, en effet, l'enfant n'avait pas à craindre d'être exclu de la succession de son père naturel et de celle de son père adoptif. S'il était émancipé par ce dernier, il lui restait toujours uni par le lien du sang, et avait droit à la plainte d'inofficiosité, s'il était omis dans son testament.

Quant à l'adoption consentie par une personne étrangère,

elle avait des effets très-restreints ; elle laissait à l'enfant tous ses droits dans sa famille naturelle ; mais, d'autre part, elle ne lui donnait sur les biens du père adoptif qu'un droit de succession *ab intestat*, sans qu'il pût attaquer le testament de ce dernier par la plainte d'inofficiosité. (L. 10, C. *de adoptionibus*.)

2° Les enfants émancipés, qui étaient appelés par le droit prétorien au nombre des héritiers siens par la possession de biens *contra tabulas* et *unde liberi*, étaient également admis à former la plainte d'inofficiosité, si le père de famille ne leur avait pas laissé la quarte légitime.

Mais ici se présente une difficulté : il peut arriver qu'au moment où le père de famille a émancipé son fils, celui-ci eût lui-même un enfant qui soit resté dans la famille et qui se trouve héritier sien à la mort de son aïeul. On ne peut pas alors les appeler tous deux à prendre chacun une part virile dans la succession ; ce serait dépouiller les autres enfants ; mais on peut se demander dans quel ordre et dans quelle proportion le fils émancipé et le petit-fils resté sous la puissance du père de famille, doivent être appelés à l'hérédité et admis à la plainte d'inofficiosité.

D'après le droit prétorien primitif, l'enfant émancipé venant par la possession de biens *unde liberi* ou *contra tabulas*, excluait ses propres enfants dans la succession du père de famille. La chose est toute simple à l'égard de ceux qui étaient, comme lui, hors de la famille ; mais les petits-enfants restés sous la puissance et dans la famille de l'aïeul y avaient pris la place de leur père émancipé ; dès lors ils se trouvaient héritiers siens. En rendant au père la place qu'il avait perdue, le droit prétorien dépouillait donc ses enfants d'un droit acquis. Telle était la conséquence du principe qui regardait l'émancipation comme non avenue, et cette conséquence n'a été modifiée que sous Adrien. D'après une nouvelle disposition ajoutée à l'édit par Salvius Julianus, les enfants restés sous la puissance de l'aïeul cessent d'être exclus par leur père émancipé. Ils partagent par moitié avec lui la portion qui lui est attribuée par la possession de biens *unde liberi* ou *contra tabulas*. (L. 1, D. *de conjungendis cum emancipata liberis.*)

C'est donc pour la moitié de sa part seulement que le fils émancipé, qui a laissé des enfants sous la puissance de l'aïeul, pourra exercer la plainte d'inofficiosité, et il n'aura droit à une part complète qu'en se réunissant à ces mêmes enfants.

Cet état de choses paraît avoir été changé par la novelle 118, chapitre 1er. En effet, cette novelle décide que les descendants seront appelés à défaut des fils prédécédés, et que cet ordre sera suivi, sans distinguer si les enfants sont des fils ou des filles, s'ils étaient ou non sous la puissance du défunt. Il résulte de là que l'enfant du premier degré, même émancipé, exclut toujours ses propres enfants. Telle était l'opinion d'Accurce, combattue, il est vrai, par Alciat et Cujas.

L'enfant donné en adoption est admis, comme l'enfant émancipé, à former la plainte d'inofficiosité; mais il faut remarquer qu'il n'est admis à la succession qu'au rang des cognats. Son droit à former la *querela inofficiosi testamenti* avait même été contesté : Papinien le lui refusait; Paul, à ce que nous apprend Justinien, lui accordait ce droit, mais sans effet, c'est-à-dire, probablement, qu'en le déclarant exclu par les autres enfants et par les agnats, il considérait son recours comme illusoire. Enfin Martien faisait une distinction : si le père adoptif était tellement pauvre que l'enfant, réduit à sa succession, fût évidemment frustré, il lui donnait le droit de réclamer par la *querela inofficiosi testamenti* dans la succession de son père naturel; mais alors l'admettait-il en concours avec les enfants restés sous la puissance du père et les enfants émancipés, ou seulement à son rang de cognat ? Nous n'avons pas d'explication sur ce point. Cependant il paraît naturel de supposer que l'enfant était considéré comme simplement émancipé et appelé par conséquent au rang des héritiers siens. Du reste, cette situation défavorable de l'enfant adoptif fut changée par Justinien, ainsi que nous l'avons dit plus haut : dans le cas où une adoption était faite par un étranger, elle n'empêchait pas l'enfant de conserver ses droits dans la succession de son père naturel, et, par conséquent, d'exercer la plainte d'inofficiosité. Quand, au contraire, elle était faite par un ascendant, elle assurait des droits à l'enfant dans la succession de ce dernier, et le privait, conformément à l'opinion de Papinien, de la plainte d'inofficiosité contre le testament du père naturel.

3° Parlons maintenant des enfants par rapport à leur mère et à leurs ascendants maternels. On leur avait reconnu le droit de former la plainte d'inofficiosité même contre le testament de ces personnes ; car ce droit est fondé sur les liens du sang et les devoirs de l'affection naturelle, et non pas sur le lien de la puissance paternelle. L'enfant pouvait donc attaquer le testament de sa mère ou de son aïeul maternel dans lequel il était omis ; et cette faculté lui était accordée même s'il était illégitime. (Spurius.)

Mais il se présentait, à l'occasion du testament de la mère, un cas exceptionnel : c'était celui où elle avait omis son fils dans son testament, croyant qu'il était mort. La question ne pouvait pas se présenter pour le père, car la simple omission de son fils annulait le testament, faute d'exhérédation expresse, et, d'autre part, une exhérédation expresse aurait montré que le père ne croyait pas son fils décédé. Voici donc la question qui se présentait quant à la mère : doit-on considérer le testament dont nous avons parlé comme inofficieux, en présence de l'erreur où se trouvait la mère qui croyait son fils décédé, et qui, par conséquent, ne peut être regardée comme ayant manqué aux devoirs de l'affection maternelle ?

D'après la rigueur du droit, on devait cependant annuler ce

testament comme inofficieux. Mais un décret d'Adrien a décidé que, dans ce cas, il n'y aurait d'annulé dans ce testament que l'institution d'héritier; le fils recueillerait la succession à la place de l'héritier institué, mais devrait respecter les legs et les affranchissements faits par sa mère. Cette décision est rendue en vertu de la juridiction extraordinaire du prince et en dehors des règles du droit; elle a son motif dans cette considération qu'on ne peut trouver dans un tel testament le prétexte de démence qui est le principe de la plainte d'inofficiosité. On a donc admis ce tempérament pour concilier le respect dû aux volontés de la mère avec les droits du fils.

4. Les posthumes qui ont droit de former la plainte d'inofficiosité peuvent être ou des posthumes siens ou des posthumes externes. Les posthumes siens sont ceux qui seraient nés sous la puissance du défunt; les posthumes externes sont ceux qui seraient nés hors de sa puissance : tels sont les enfants nés d'un fils émancipé ou donné en adoption, les enfants d'une fille; on peut même concevoir un enfant posthume par rapport à sa mère, lorsqu'après la mort de celle-ci, il est extrait par l'opération césarienne.

Les posthumes siens étaient seuls capables, d'après le droit civil, de recueillir une hérédité, de recevoir un legs ou un fidéicommis. Les posthumes externes, considérés comme personnes incertaines, en étaient incapables. Mais le droit prétorien assimilait ceux des posthumes externes que nous avons énumérés, aux posthumes siens, et leur accordait les possessions de biens *unde liberi* et *contra tabulas*. On leur accordait aussi la plainte d'inofficiosité.

Après les enfants viennent les ascendants; ils ont droit de former la plainte d'inofficiosité, soit que le défunt fût ou non sous leur puissance. Ainsi la mère, l'ascendant maternel, le père qui a émancipé son fils ou qui l'a donné en adoption, y sont également admis. On peut se demander pourtant si le père ou ascendant émancipateur doit recourir à la plainte d'inofficiosité. En effet, c'est un moyen qui ne se donne qu'à défaut de tout autre. Or l'ascendant émancipateur a, pour venir à la succession de l'enfant émancipé, la possession de biens *contra tabulas*, parce qu'en vertu de la clause de fiducie introduite dans l'émancipation, il est devenu le patron de cet enfant. Malgré cette considération, on lui accorde la plainte d'inofficiosité en qualité de père, et on considère la possession de biens *contra tabulas* comme attachée exclusivement au titre de patron.

Nous trouvons en dernier lieu, parmi les personnes qui peuvent former une plainte d'inofficiosité, les frères et sœurs. Dans le principe, on n'admettait que ceux qui se trouvaient agnats du défunt, c'est-à-dire les germains ou consanguins, qui n'avaient pas subi de *capitis diminutio*, à l'exclusion des utérins et de ceux qui étaient sortis de la famille. Mais Justinien accorda la plainte d'inofficiosité d'abord à tous les frères germains ou consanguins, qu'ils fussent ou non agnats, et plus tard, par la novelle 118, il l'étendit même aux frères utérins.

Il faut remarquer, du reste, que les frères ou sœurs, à la différence des parents en ligne directe, ne peuvent attaquer un testament par la plainte d'inofficiosité que si l'héritier institué était une personne vile (*turpis persona*). Par là on entendait tous ceux qui étaient notés d'infamie, ou qui exerçaient une profession vile, ou qui avaient encouru la déconsidération publique par quelque motif que ce fût.

Après avoir ainsi déterminé quelles personnes ont droit de former la plainte d'inofficiosité, nous avons à nous demander dans quel ordre elles y sont admises.

Nous établirons plus tard que la plainte d'inofficiosité n'est qu'une espèce particulière de pétition d'hérédité *ab intestat*; les personnes qui y ont droit sont, par conséquent, celles qui se trouvent comprises dans l'énumération ci-dessus et sont appelées à l'hérédité légitime ou à la possession de biens ; et c'est dans l'ordre où elles y sont appelées, qu'elles ont droit de former la plainte d'inofficiosité. Ainsi, nous trouvons en premier lieu les descendants, placés parmi les héritiers siens par le droit civil, l'édit du préteur ou les constitutions impériales ; en second lieu, les personnes appelées comme agnats, en troisième lieu enfin, celles qui viennent comme cognats, par exemple les enfants donnés en adoption, les frères ou sœurs émancipés.

Si l'héritier appelé au premier ordre forme la plainte d'inofficiosité, l'héritier du second ordre ne peut donc plus y avoir recours ; car il est exclu de la succession par le premier. Mais il peut arriver plusieurs autres cas, savoir : 1° que l'héritier du premier ordre renonce à la plainte d'inofficiosité pour se conformer à la volonté du défunt (*judicium defuncti agnoverit*) ; 2° qu'il forme l'action, mais qu'il soit repoussé comme justement exhérédé ; 3° qu'il meure avant d'avoir formé l'action, qui n'est pas transmissible à ses héritiers, 4° enfin qu'il reste provisoirement dans l'inaction, sans cependant perdre son droit.

Dans mes trois premières hypothèses, l'action est perdue pour l'héritier qui y avait droit en première ligne ; mais on peut se demander si cette action passe par dévolution (*successio*) aux héritiers du degré suivant, dans le même ordre, ou si au contraire elle est perdue pour cet ordre d'héritiers et se reporte, s'il y a lieu, sur l'ordre suivant. Par exemple, supposons un défunt qui laisse un fils et un petit-fils parmi les héritiers siens, puis des frères ou sœurs. Le fils renonce à la plainte d'inofficiosité, ou bien encore la forme sans succès, ou enfin vient à mourir sans l'avoir formée ; le petit-fils pourra-t-il la former de son chef, ou au contraire, le droit des héritiers siens étant épuisé par la renonciation ou l'exclusion du fils, y aura-t-il lieu d'appeler les frères et sœurs ?

Dans le droit civil primitif, il n'y avait pas de dévolution

entre les héritiers du même ordre, et si celui d'entre eux qui
était appelé au premier degré venait à manquer, la succession
passait aux héritiers de l'ordre suivant, et n'était pas dévolue
aux héritiers du même ordre que le renonçant, mais d'un degré
plus éloigné (1).

Mais le droit prétorien avait corrigé en partie cette rigueur
au moyen des possessions de biens. En ce qui concerne la
plainte d'inofficiosité, le principe de la dévolution est consacré
par un texte formel : *Si is qui admittitur ad accusationem
nolit aut non possit accusare, an sequens admittatur, viden-
dum est ; et placuit posse : ut fiat successioni locus.* (L. 31,
principium, D. *de inofficioso testamento.* Voyez aussi L. 14, D.
eodem titulo.)

Il faut décider, dans l'hypothèse posée, qu'en cas d'exclusion
ou de renonciation du fils, le petit-fils pourra former de son
chef la plainte d'inofficiosité.

Cependant un texte du Code semble s'opposer à cette solu-

---

(1) Cette question de dévolution ne pouvait s'élever que pour les
agnats, quand le défunt mourait véritablement intestat, dans le
sens ordinaire du droit romain. (Inst. L. 3, tit. 1, *principium*.) En
effet, dans l'ordre des héritiers siens, le premier appelé à recueillir l'hérédité était en même temps héritier nécessaire ; il ne
pouvait, par conséquent, répudier la succession ni donner lieu à
une dévolution quelconque. Mais, pour la plainte d'inofficiosité,
il en est autrement ; car cette action ne suppose pas le défunt
mort intestat, elle peut seulement le faire considérer comme tel.
Elle est de la part de celui qui l'exerce un acte volontaire, comme
l'adition d'hérédité ; on peut donc supposer qu'un héritier sien
ne l'exercera pas, et qu'il y ait dévolution aux enfants du degré
suivant. Il faut même remarquer que la question n'a d'intérêt
que pour les descendants, car les seuls agnats qui puissent former la plainte d'inofficiosité, c'est-à-dire les ascendants ou les
frères ou sœurs, viennent en concours, et non pas à défaut les
uns des autres.

2

tion : c'est la loi 31 1, C. *de inofficioso testamento.* Cette loi
suppose un défunt laissant un fils exhérédé et un petit-fils né
ou à naître de ce fils, et elle ajoute : *Si deliberante vero scripto
herede filius decesserit, nulla hereditatis petitione, ex nomine
de inofficioso constituta vel preparata, omne adjutorium nepotem dereliquit ; neque enim pater nepoti aliquod jus cum
decesserit, contra patris testamentum dereliquerit ; quia
postea et adita est, ab extraneo hereditas, et supervixit avo
pater ejus ; ut neque ex lege Velleia possit in locum patris
succedere et rescindere testamentum. Et hoc nonnulli juris-
consulti in medium proponentes inhumane reliquerunt.*

Justinien constate ainsi que le petit-fils ne peut pas attaquer
le testament du chef de son père , parce que la *querela inofficiosi testamenti* ne se transmet pas aux héritiers. Mais, en
disant que le petit-fils est alors privé de tout secours, il semble
dire qu'il ne peut pas non plus former l'action de son chef. On
ne peut pas admettre cette seconde conclusion en présence du
texte cité plus haut (L. 31, **D.** *de inofficioso),* qui consacre
formellement le droit de dévolution.

Il faut donc reconnaître dans ce passage une de ces exagé-
rations de style, si fréquentes dans les constitutions de Justinien, d'autant plus que le résultat fâcheux signalé par lui n'est
admis, selon lui-même, que par un petit nombre de jurisconsultes. La suite de la loi démontre du reste que Justinien n'en-
tend pas faire d'autres innovations que de transmettre au fils
les droits du père prédécédé : *Sed nos* . ajoute-t-il en effet,
*secundum quod possibile est, omnium commodis prospicientes
jubemus eadem jura nepoti dari quæ filius habebat ; et si pre-
paratio facta non est ad inofficiosi querelam instituendam,
tamen posse nepotem eamdem causam proponere.*

Mais, après avoir ainsi réduit l'innovation de Justinien à ses
véritables proportions, on peut se demander quelle en était
l'utilité. Si, en effet, le petit-fils a de son chef, par voie de dévo-

lution, la plainte d'inofficiosité, quel besoin a-t-il de l'exercer comme héritier de son père ? Il faut admettre, pour expliquer la constitution de Justinien, que le petit-fils serait personnellement incapable d'exercer la plainte d'inofficiosité dans la succession de son aïeul, soit parce qu'il aurait été ingrat à son égard, soit parce qu'il aurait reçu de lui sa légitime, tandis que son père ne l'aurait pas reçue. L'innovation de Justinien, qui déclare ainsi la plainte d'inofficiosité transmissible après le décès de celui qui pouvait la former, ne doit donc pas sortir de ces limites ; elle ne s'applique ni au cas où le père aurait renoncé à former la plainte d'inofficiosité, ni à celui où il aurait succombé dans son action. Alors le petit-fils aura pour tout recours son droit propre et personnel.

Supposons maintenant le cas où un héritier qui pourrait former la plainte d'inofficiosité, reste provisoirement dans l'inaction, sans cependant perdre son droit. Les héritiers de l'ordre ou du degré suivant pourront-ils former cette action ? Les textes leur accordent ce droit ; mais s'ils viennent à réussir, ce n'est pas à eux que profitera le succès, mais aux héritiers plus rapprochés. Le résultat de la plainte d'inofficiosité ainsi exercée aura été de rendre le père de famille *intestat.* (L. 6, § 1, D. *de inofficioso testamento.*) Il en serait autrement, bien entendu, si les héritiers du premier degré étaient personnellement exclus de la plainte d'inofficiosité ; dans ce dernier cas, les héritiers du second degré auraient droit d'exercer l'action et d'en profiter personnellement, pourvu qu'ils prissent le soin d'agir pour leur portion et dans les limites de leur droit particulier. (L. 25, D. *eodem titulo.*)

Nous avons déterminé les personnes qui peuvent former la plainte d'inofficiosité ; il faut maintenant savoir à quelles conditions elles peuvent la former.

Une première condition, c'est que l'héritier, tout en étant au nombre des personnes énumérées ci-dessus, soit appelé à l'hérédité légitime ou à la possession de biens prétorienne. Ainsi le petit-fils qui retombe sous la puissance de son père ne peut pas attaquer le testament de l'aïeul, sauf les cas de dévolution que nous avons examinés plus haut.

Il faut, secondement, qu'il n'y ait pas d'autres moyens de faire tomber le testament. La plainte d'inofficiosité reposant sur une supposition de folie dans la personne du testateur, est jusqu'à un certain point infamante pour sa mémoire ; il faut donc n'y recourir qu'à la dernière extrémité. Ainsi, lorsque, par exemple, les fils de famille n'ont pas été exhérédés dans les formes légales, ils doivent attaquer le testament comme *injustum*, et non comme inofficieux. Le testament ne peut pas même être attaqué à ce dernier titre, tant qu'il y a espoir de le voir sans effets d'une autre façon ; aussi ne peut-il pas, au moins dans l'opinion dominante, être attaqué avant l'adition de l'héritier institué, parce que, cette adition venant à manquer, le testament pourra être *destitutum*, et par conséquent sans effet ; les légitimaires avaient alors, comme les créanciers et les légataires, le droit de faire fixer à l'héritier institué un délai pour accepter ou répudier, afin que leur position fût définitivement déterminée. Ce délai est fixé d'une manière uniforme par Justinien à six mois, lorsque l'héritier institué demeure dans la même province que le testateur, à un an s'il demeure dans une autre province.

La troisième condition pour l'exercice de la plainte d'inofficiosité est que les descendants, ascendants, frères ou sœurs, aient été injustement exhérédés ou omis dans le testament.

Dans l'ancien droit, lorsque le testament était régulier dans la forme, c'était aux héritiers *ab intestat* de prouver l'injustice de leur exhérédation ou de leur omission, et l'appréciation du point de savoir si le testateur avait eu de justes causes pour les exclure, était laissée à la discrétion des magistrats. (L. 5, D. L. 28, C. *hoc titulo*.)

Mais Justinien changea cet état de choses; il fixa d'abord d'une manière limitative les cas d'ingratitude qui pouvaient être de justes causes d'exhérédation. Il exigea, à peine de nullité du testament, que le testateur indiquât expressément celle de ces causes pour laquelle il excluait son successible; enfin il mit à la charge des héritiers testamentaires la preuve que cette cause d'exhérédation était réelle et justifiée. (Novelles 115 et 22, ch. 46.)

Cependant, lorsqu'il s'agit du testament d'un frère, Justinien n'exige pas que la cause d'exhérédation soit indiquée en termes exprès dans le testament. Du reste, les frères contre lesquels il n'y a pas de justes causes d'exhérédation ne sont pas toujours admis pour cela à former la plainte d'inofficiosité. Si, en effet, l'héritier institué n'est pas une personne de condition vile, *turpis*, ou si, même dans ce cas, le frère omis dans le testament est lui-même d'une semblable condition, il n'y a pas lieu à la plainte d'inofficiosité; il en est encore de même si le défunt a institué pour héritier son esclave afin d'avoir un héritier nécessaire (L. 27, C. *hoc titulo*).

La quatrième et dernière condition pour que la plainte d'inofficiosité puisse être formée est que le légitimaire n'ait pas reçu le quart de sa portion héréditaire. L'examen de cette dernière condition comprend plusieurs questions importantes : sur quelle masse de biens et comment doit se calculer la quarte légitime ? Quels biens le légitimaire doit-il imputer sur cette quarte? Quels sont les effets, suivant les différentes époques du droit, de l'insuffisance des biens laissés aux légitimaires? Nous traiterons toutes ces questions dans un chapitre spécial consacré au calcul de la légitime.

Pour terminer l'examen des conditions nécessaires à l'exercice de la plainte d'inofficiosité, il reste à remarquer que certains testaments ne peuvent pas être attaqués par ce moyen. Ce sont d'abord les testaments militaires, qui ont toujours joui d'une faveur particulière, et en second lieu le testament que le père avait fait pour son fils impubère au moyen de la substitution pupillaire. Ainsi, après la mort de l'impubère, la mère ou les frères, qui pouvaient se trouver exclus en vertu de la substitution, n'avaient pas le droit de l'attaquer. (*L.* 8, § 3, 4, 5, D. *de inofficioso testamento*.)

CHAPITRE II.

COMMENT SE CALCULE LA LÉGITIME.

La légitime, du moins avant Justinien, est le quart de la portion de biens revenant *ab intestat* aux héritiers qui ont droit de former la plainte d'inofficiosité. Cette quotité du quart paraît être établie à l'imitation de celle qui avait été fixée par la loi Falcidie en faveur des héritiers testamentaires.

Le calcul de la quarte légitime peut se présenter dans deux situations différentes : 1° lorsqu'il n'y a qu'un héritier appelé à en profiter ; 2° lorsqu'il y a plusieurs héritiers en concours et qu'il s'agit de fixer les droits de chacun.

Le premier cas n'offre qu'une question à résoudre. Quels sont les biens dont se compose la succession? C'est en effet sur cette masse que doit se calculer le quart formant la légitime. Si le légitimaire se trouve avoir ce quart, il n'a aucune action à exercer ; s'il ne l'a pas, il peut exercer, selon les cas et les différentes époques du droit, soit la plainte d'inofficiosité, soit l'action en supplément de légitime.

La quarte légitime se calcule comme la quarte Falcidie : on ajoute ensemble la valeur de tous les biens existant au décès du testateur, et de toutes ses créances jusqu'à concurrence de la solvabilité des débiteurs. On doit naturellement comprendre dans cette masse les biens dont le défunt aurait disposé par testament ou par fidéicommis laissés *ab intestat*, puisque ce sont précisément ces dispositions qu'on attaque par la plainte d'inofficiosité. Mais doit-on comprendre dans le calcul de l'hérédité les donations à cause de mort? Ce point avait fait difficulté pour le calcul de la quarte Falcidie; mais enfin, par l'assimilation progressive des legs et des donations à cause de mort, on avait considéré ces dernières comme réductibles en vertu de la loi Falcidie; elles devaient par conséquent être comptées dans le patrimoine du testateur. On doit penser que cette assimilation fut aussi établie en matière de légitime; car il aurait pu dépendre du père de famille d'épuiser ses biens par des donations à cause de mort, et de rendre illusoire la légitime de ses enfants. Mais on n'avait pas songé à réunir fictivement à la masse des biens ceux dont il avait été disposé par donation entre-vifs. On ne laissa point les légitimaires sans recours contre de pareilles dispositions; mais ce fut l'objet d'une institution particulière, la *querela inofficiosæ donationis*, qui, tout en se rattachant étroitement à la *querela inofficiosi testamenti*, en est distincte à plusieurs égards. Nous l'étudierons séparément.

Pour le calcul de la quarte Falcidie, après avoir formé la masse active de l'hérédité, il faut en déduire les charges. Ces charges se composent : 1° des dettes du défunt; 2° de ses frais funéraires; 3° de la valeur des esclaves affranchis par le testament. C'est après cette déduction qu'on calcule le quart qui doit revenir à l'héritier.

On voit que les affranchissements faits par testament sont toujours censés diminuer de plein droit la valeur d'une hérédité, que par conséquent ils n'entrent pas dans la valeur réductible, et doivent être complétement respectés par l'héritier institué.

Les affranchissements doivent-ils également être mis en

dehors de la valeur des biens, quand il s'agit de calculer, non plus la quarte Falcidie, mais la quarte légitime ? Les jurisconsultes romains avaient posé la question, mais n'avaient pas hésité à la résoudre dans le même sens, au moins pour le cas où le légitimaire était institué héritier par le testament. Dans ce cas, les deux quartes se confondaient à leurs yeux, et ils refusaient au légitimaire institué héritier la plainte d'inofficiosité, par la raison qu'il avait droit à la Falcidie. (L. 8, § 9, D. *de inofficioso testamento*.) Cette raison n'est peut-être pas complétement satisfaisante ; car, d'une part, si l'héritier légitimaire se trouvait institué par testament en concours avec d'autres personnes, sa part dans la quarte Falcidie n'était pas équivalente à sa légitime *ab intestat*, et ne pouvait pas lui faire refuser la plainte d'inofficiosité.

D'autre part, il résultait de là que si un père de famille avait une fortune consistant uniquement en esclaves, il pouvait, en les affranchissant tous et en instituant ses enfants héritiers, dépouiller complétement ces derniers. Il n'y avait pas alors lieu à la plainte d'inofficiosité, puisque la valeur des esclaves affranchis devait être mise en dehors de la valeur héréditaire. En pareille matière, le patron, appelé à la succession de son affranchi, était plus favorisé que les légitimaires, car, au moyen de l'action *Fabiana* ou *Calvisiana*, il pouvait faire rescinder les affranchissements consentis par l'affranchi, en fraude de ses droits héréditaires.

Il faut cependant dire que les légitimaires trouvaient dans la loi *Fusia Caninia* un secours indirect contre ces affranchissements qui pouvaient les dépouiller. Cette loi, par des motifs tirés de la raison d'Etat et de l'ordre public, défendait à tout propriétaire d'esclaves de les affranchir par testament au delà d'une certaine proportion, et elle profitait ainsi indirectement au légitimaire. Mais la loi *Fusia Caninia* a été abrogée par Justinien.

Lorsque le testateur avait institué héritier une autre personne que le légitimaire, fallait-il encore déduire la valeur des affranchissements pour calculer la quarte légitime ? Les lois du Digeste ne donnent pas de solution à cette question. Mais comme, dans ce cas, l'héritier légitime ne se confond pas avec l'héritier testamentaire, ni la légitime avec la Falcidie, il est probable qu'on calculait la légitime sur la masse des biens, en déduisant seulement les dettes et les frais funéraires.

Du reste, un remède contre les affranchissements excessifs est offert par les jurisconsultes romains même aux légitimaires institués héritiers par testament, mais dans un cas tout à fait exceptionnel. Il faut supposer un fils émancipé, ou tout autre légitimaire qui ne soit pas héritier nécessaire, institué par testament et chargé d'un nombre excessif d'affranchissements. Il faut alors faire une distinction : ou il est institué seul, ou, au contraire, il est institué en première ligne, et un second héritier lui est substitué vulgairement. Dans le premier cas il a le droit de répudier l'hérédité testamentaire, qui ne lui procure aucun bénéfice, et de rendre caducs les affranchissements contenus dans le testament. Puis il peut demander la possession de biens *ab intestat*, et obtenir ainsi sa part d'hérédité. On pourrait, il est vrai, lui opposer cette disposition de l'édit qui maintient les legs et les affranchissements dans le cas où un héritier testamentaire renonce au testament pour venir *ab intestat*. Mais cette disposition ne s'applique que s'il y a fraude de la part de l'héritier, et, dans le cas actuel, il agit plutôt pour éviter un préjudice que pour frauder les droits des tiers.

Dans le second cas, il a encore le droit de répudier l'hérédité et de rendre ainsi caducs les affranchissements qui lui étaient imposés. La succession est alors déférée au substitué, et le légitimaire exerce contre lui la plainte d'inofficiosité ; il recueille donc la succession *ab intestat* et sans être tenu des affranchissements. Cependant il y a ici une difficulté : aux termes d'un rescrit de Sévère et d'Antonin, le legs et les affranchissements imposés à l'héritier institué en première ligne sont censés imposés également au substitué. (L. 74, D. *de delegatis* 4°.) Or nous avons supposé que la fortune du testateur était tout entière composée des esclaves affranchis par le testament ; on pourrait dire alors qu'il n'y a pas de biens dans la succession, ni, par conséquent, de quarte Falcidie ou légitime. La plainte d'inofficiosité ne semble donc pas admissible au premier abord ; mais, comme le légitimaire ne se trouve plus être en même temps l'héritier institué, la légitime, d'après ce que nous avons dit plus haut, ne se confond plus avec la quarte Falcidie, et on ne doit pas faire déduction des affranchissements pour la calculer.

Les expédients que nous venons d'indiquer ne sont plus possibles lorsque le légitimaire institué par le testament et chargé d'affranchissements excessifs, est un héritier sien et nécessaire ; il ne peut pas alors répudier l'hérédité, pour la faire considérer comme dévolue *ab intestat*, et il doit nécessairement respecter tous les affranchissements testamentaires.

Jusqu'ici nous avons supposé la présence d'un seul légitimaire ; une fois sa légitime calculée d'après les règles ci-dessus, il n'y a plus qu'à voir si elle lui à ou non été laissée par le défunt. Mais il peut arriver que plusieurs légitimaires se trouvent concurremment appelés à la succession. Ce concours fait naître certaines difficultés.

Le premier cas à examiner est celui où tous les légitimaires exercent la plainte d'inofficiosité. La légitime, comprenant le quart de la succession, se divise alors entre eux, comme la succession elle-même. Ainsi, lorsque, par exemple, deux fils du testateur prédécédé ont laissé, l'un un enfant, l'autre trois, le premier enfant, qui aurait droit à la moitié de la succession, doit avoir une légitime d'un huitième (*sescuncia*) ; les trois autres, qui auraient droit chacun à un sixième, doivent avoir un vingt-quatrième de légitime. Ce sont là les portions que chacun d'eux doit avoir reçues, pour pouvoir être repoussé dans la plainte d'inofficiosité.

Supposons maintenant que l'un des légitimaires renonce à former la plainte d'inofficiosité, ou la forme sans succès. La légitime à laquelle il aurait droit doit-elle se joindre à celle des autres cohéritiers qui voudront former la même action ? en d'autres termes, ceux-ci pourront-ils prétendre que par droit d'accroissement ils doivent avoir, pour être exclus de la plainte d'inofficiosité, à la fois le quart de leur portion présomptive et le quart qui serait revenu au légitimaire renonçant ou exclu ? Cette prétention ne peut être admise ; il suffit, pour que les légitimaires n'aient plus droit d'attaquer le testament, qu'ils aient reçu le quart de leur portion présomptive *ab intestat*, sans tenir compte des accroissements possibles. Si, par exemple, un testateur a exhérédé ses deux enfants, tous deux, agissant ensemble, seraient exclus s'ils avaient reçu chacun une légitime d'un huitième. Si l'un d'eux agit seul, par suite de la renonciation de l'autre, il devra encore être repoussé, s'il a lui-même son huitième ; c'est ce qu'on exprime en disant que son frère fait part vis-à-vis de lui. (L. 8, § 8, D. *de inofficioso testamento.*)

Mais il faut restreindre cette solution et l'appliquer seulement au point de départ et à la condition de recevabilité de la plainte d'inofficiosité ; car, en ce qui concerne le résultat, si la plainte est une fois admise, il pourra parfaitement y avoir accroissement. Ainsi, dans l'hypothèse posée plus haut, je suppose que le frère qui agit seul n'ait pas reçu son huitième de légitime, par la plainte d'inofficiosité, il fera tomber le testament tout entier, et, si son frère a répudié l'hérédité, il recueillera tous les biens, en vertu du droit d'accroissement : c'est en ce sens qu'il faut entendre la loi 17, D. *eodem titulo*. Elle s'exprime ainsi : Celui qui, dans l'intention de répudier la succession, s'abstient de former la plainte d'inofficiosité, ne fait pas part vis-à-vis de ceux qui veulent attaquer le testament par ce moyen ; cela veut dire que, le testament une fois annulé, la présence du frère renonçant n'empêchera pas l'autre de recueillir l'hérédité tout entière. Si, au contraire, le frère qui s'est abstenu de former la plainte d'inofficiosité, n'avait pas l'intention d'y renoncer définitivement, mais simplement de différer son action, il viendrait évidemment en concours avec celui qui aurait formé cette action avec succès. Ce succès, bien qu'obtenu par un seul, aurait eu pour résultat de rendre le défunt *intestat*, et d'ouvrir sa succession à tous les ayants droit.

Nous avons supposé jusqu'ici, avec les textes de l'ancien droit, que la légitime était du quart de la portion intestat des légitimaires. Justinien a changé ce chiffre. Lorsque les légitimaires sont des enfants du défunt, s'il y en a quatre ou un moins grand nombre, on doit leur laisser un tiers des biens ; s'il y en a cinq ou plus, la moitié. De là un résultat assez bizarre : s'il y a quatre enfants, la légitime individuelle de chacun est d'un douzième ; s'il y en a cinq, elle est d'un dixième. Elle est donc plus forte dans ce dernier cas que dans le premier.

Justinien a élevé la réserve des ascendants du quart au tiers, ainsi que celle des descendants ; c'est ainsi du moins que les meilleurs auteurs entendent la novelle 18.

On s'est demandé si, sous l'empire de la novelle 86 comme sous celui du Digeste, l'enfant justement exhérédé ou renonçant faisait part vis-à-vis des autres, et si ces derniers étaient exclus de l'action en supplément de légitime, lorsqu'ils avaient reçu la portion individuelle qu'ils auraient eue en concours avec le renonçant ou l'exhérédé. La question a été très-débattue au moyen âge. Paul de Castro, Barthole et Doneau, continuant d'appliquer les principes du Digeste, pensent que l'exhérédé ou le renonçant fait nombre vis-à-vis des autres et diminue leur légitime.

Balde, Cujas et plusieurs autres soutiennent que la novelle 86 a établi une légitime collective et non pas individuelle ; que par conséquent les enfants qui viennent à la succession doivent seuls compter pour le calcul de la légitime, que les renonçants et les exhérédés doivent être considérés comme s'ils n'existaient pas. Il faut cependant en excepter ceux qui renoncent en retenant, à un titre quelconque, l'équivalent de leur légitime.

Domat et Furgole ont présenté une troisième opinion ; selon eux, l'enfant renonçant ou exclu fait nombre pour le calcul de la légitime ; mais la part qu'il laisse vacante ne profite pas aux donataires et légataires, elle accroît aux autres cohéritiers.

De ces trois opinions, c'est la seconde qui a prévalu ; elle semble la plus conforme à l'esprit de la novelle 86 et à la nature collective de la légitime.

Après avoir examiné quelle portion de l'hérédité doit avoir chaque légitimaire pour être exclu de la plainte d'inofficiosité, nous avons à rechercher à quel titre il doit avoir reçu cette portion ; en d'autres termes, quelles libéralités sont imputables sur la légitime, que nous considérerons toujours comme étant du quart, pour la facilité du langage.

Il n'est pas nécessaire que le légitimaire ait reçu sa quarte à titre d'héritier. Sans doute Justinien, dans sa novelle 115, a exigé, à peine de nullité, que le légitimaire fût honoré du titre d'héritier ; mais ce n'est là qu'une question de forme, analogue à celle de l'institution ou de l'exhérédation expresse exigée dans l'ancien droit. L'action qui résulte de ce défaut d'institution d'héritier n'est pas la plainte d'inofficiosité, mais une action en nullité d'une nature particulière. Comme, du reste, cette innovation de Justinien est postérieure au Digeste et au Code, nous la laisserons de côté pour l'examen de la question qui nous occupe.

On peut ranger en trois classes les différents biens imputables sur la légitime : 1° ceux qui sont perçus en vertu des lois et

sans la volonté du défunt ; 2° ceux qui sont reçus par la volonté
du défunt et sur les biens qu'il laisse à sa mort; 3° ceux qu'il a
donnés entre-vifs, à condition de les imputer sur la légitime.

1° L'impubère adrogé, qui, aux termes de la constitution
d'Antonin le Pieux, a droit, en cas d'exhérédation, au quart des
biens de l'adrogeant, ne peut pas former contre le testament
de celui-ci la plainte d'inofficiosité. (L. 8, § 15, D. *de inofficioso
testamento*)

Mais ici se présente une question : il est de principe que celui
qui a formé témérairement la plainte d'inofficiosité est privé,
à titre de peine, de tous les avantages que lui réservait le testament injustement attaqué. Cette peine doit-elle s'appliquer à
l'adrogé qui aurait attaqué le testament de l'adrogeant par la
plainte d'inofficiosité? Doit-il perdre la quarte antonine? Non,
car il ne s'agit pas d'un avantage résultant du testament, mais
d'une dette établie par la loi.

2° Le légitimaire doit imputer sur sa légitime toutes les dispositions de dernière volonté dont il profite dans la succession.
Sous ce titre on doit comprendre ce qu'il reçoit en vertu d'une
institution d'héritier, les legs et fidéicommis qui lui ont été
faits par le défunt, les donations à cause de mort, enfin les
dispositions qu'on appelle *mortis causa capiones :* ce sont
celles qui, sans constituer un legs ou un fidéicommis, procurent
néanmoins un bénéfice à celui qui en est l'objet. Lorsque, par
exemple, un héritier est institué sous la condition de donner
une certaine somme à un tiers, ce tiers n'a aucune action en
vertu du testament, il n'est pas directement gratifié; mais si
l'héritier veut accomplir la condition pour assurer son droit,
l'accomplissement de cette condition profite à celui qui en est
l'objet ; si donc un légitimaire se trouve ainsi appelé à recueillir
la quarte en vertu d'une *mortis causa capio*, il ne peut plus
former la plainte d'inofficiosité. S'il n'y a qu'un héritier et
qu'il soit institué sous la condition de lui payer cette quarte,

il n'y aura jamais lieu à la plainte d'inofficiosité : car ou l'héritier exécutera la condition, et par là le légitimaire recevra sa
quarte ; ou au contraire il n'exécutera pas cette condition, et le
testament deviendra caduc. La plainte d'inofficiosité ne pourra
donc pas avoir lieu, car elle n'est pas donnée contre le testament, s'il n'y a pas d'héritier : *non datur contra lignum, sed
contra heredem.*

Telles sont, en général, les dispositions à cause de mort qui
doivent être imputées sur la légitime. Cependant il y a certaines
exceptions.

Une première exception, qui existait déjà dans l'ancien droit,
est relative aux institutions d'héritier, legs ou fidéicommis faits
en faveur d'un légitimaire, mais qui sont eux-mêmes grevés
d'un fidéicommis ou de l'accomplissement d'une condition. De
pareilles dispositions ne procurent pas un profit réel et définitif
au légitimaire, et il ne doit pas en faire l'imputation. Doit-on
également exclure des biens imputables sur la légitime l'hérédité déférée par un père de famille à son fils impubère, avec
une substitution pupillaire en faveur d'une autre personne ?
Peut-on dire qu'il y a là une charge de remettre la chose qui
puisse la faire considérer comme ne profitant pas réellement à
l'impubère ? Les jurisconsultes romains décidaient avec raison
la négative ; car si, par un fidéicommis, le testateur enlève le
bien qu'il avait d'abord donné, par la substitution pupillaire il
n'enlève rien à son fils ; il lui désigne seulement un héritier ;
or l'impubère était nécessairement destiné à en avoir un, même
sans la substitution.

Mais on ne devrait pas imputer sur la légitime ces fidéicommis qu'on appelle, dans notre droit, substitutions, et, qui ne
doivent être exécutés qu'à la mort du fiduciaire ; ils constituent
en effet une charge de restituer en entier l'objet donné, et en
enlèvent la disposition à la personne gratifiée en premier lieu.
Cependant le légitimaire devait, dans ce cas, imputer sur sa

quarte les fruits qu'il percevait dans l'intervalle entre son adition d'hérédité et la restitution du fidéicommis ; d'autre part, un rescrit avait décidé, dans une espèce où deux légitimaires étaient ainsi grevés de fidéicommis l'un vis-à-vis de l'autre, en cas de prédécès, que ni l'un ni l'autre ne pouvaient former la plainte d'inofficiosité. (L. 12, C. *de inofficioso testamento*.) Cette décision particulière tenait à la réciprocité du fidéicommis.

Justinien, dans la loi 32, C. *de inofficioso testamento*, a modifié ces principes; il a décidé que, dans toute disposition faite en faveur d'un légitimaire et n'excédant pas sa légitime, on devait considérer comme non écrite toute condition, toute clause dilatoire ou imposant une charge quelconque. De là résulte que les libéralités de cette nature, déchargées des clauses qui en enlevaient le bénéfice au légitimaire, devaient être désormais imputables sur la quarte.

Une seconde exception au principe que tout ce qui est reçu à cause de mort par le légitimaire doit être compris dans son imputation, a été introduite par Justinien, mais seulement en faveur des enfants et descendants. Ils ne doivent, aux termes de la loi 36, C. *de inofficioso testamento*, imputer que ce qu'ils reçoivent directement de leur père (*ex substantia patris*), et non pas ce qui leur advient du chef d'un tiers. Ainsi, dit ce texte, on ne doit pas comprendre dans l'imputation ce que l'enfant a retiré soit d'une substitution, soit d'un droit d'accroissement, par exemple en matière d'usufruit. Ces mots ont été entendus de deux façons. Les uns ont prétendu qu'on devait les appliquer dans le cas suivant : le père a été institué héritier par un tiers, avec substitution vulgaire ou fidéicommissaire en faveur de son fils, ou bien encore il est colégataire d'usufruit avec lui. Le fils, qui aura recueilli le bénéfice de la substitution dans le premier cas, ou de l'accroissement dans le second, ne devra pas l'imputer sur sa légitime. D'autres auteurs ont proposé l'interprétation suivante : lorsque le père lui-même a institué un tiers pour son héritier et lui a substitué vulgairement son fils, ou bien encore leur a légué conjointement un usufruit, si le fils profite de la substitution ou de l'accroissement; il ne doit pas néanmoins l'imputer sur sa légitime. La première interprétation nous semble préférable, parce que, dans celle-là seulement, on peut dire que le fils ne recueille pas *ex substantiâ patris*.

3° Les légitimaires doivent enfin imputer sur la légitime certaines donations entre-vifs. Ce sont : 1° celles qui ont été faites sous la condition expresse qu'elles seraient imputées sur la légitime ;

2° Certaines donations qui sont réputées toujours faites sous cette condition; ce sont : la dot constituée en faveur de la fille; la donation *ante nuptias*, constituée en faveur du fils; les donations qui ont été faites au légitimaire à l'occasion du service militaire, ou plutôt à l'occasion de tout service public (car Justinien comprend sous le mot *militia* toutes les fonctions publiques, et il prend soin d'excepter de la disposition en question certains officiers du palais appelés *silentiarii; L. 30, § 2, C. de inofficioso testamento*).

Telles sont les règles suivies pour l'imputation de la légitime. Qu'arrivera-t-il si, en suivant ces règles, un légitimaire se trouve ne l'avoir pas obtenue ? Dans le droit antérieur à Justinien, il pourra faire tomber le testament pour le tout par la *querela inofficiosi testamenti ;* dans le droit de Justinien, il aura simplement le droit de faire compléter sa légitime; la plainte d'inofficiosité sera réservée pour le cas où il n'aura rien reçu absolument du testateur.

Nous avons vu que dans le calcul de la quarte légitime on ne comprenait que les biens laissés par le défunt à son décès. Il résultait de là un moyen facile d'éluder la plainte d'inofficiosité; il suffisait de donner entre-vifs la plus grande partie de ses biens à des étrangers, et ces biens ne se trouvant pas com-

3

pris dans le calcul de la légitime, l'héritier pouvait être complétement ou presque complétement dépouillé sans avoir le droit de se plaindre.

Cependant le danger des donations excessives n'était pas aussi grand que celui des dispositions à cause de mort ; en effet, la donation entre-vifs n'opère pas seulement pour le jour où le donateur n'existera plus ; elle a un effet actuel et en même temps irrévocable ; l'intérêt personnel du donateur était donc, dans la plupart des cas, une garantie suffisante contre des libéralités excessives. Aussi le besoin d'une institution analogue à la *querela inofficiosi testamenti*, et ayant pour but l'annulation des donations entre-vifs, ne se fit pas immédiatement sentir, et ce n'est pas dans la doctrine des anciens prudents qu'elle a pris sa source.

La *querela inofficiosæ donationis* s'introduisit d'une façon arbitraire, sans règle fixe et par la voie des rescrits, sur la plainte de certains héritiers dépouillés à l'avance par des donations entre-vifs excessives ; les empereurs, par des dispositions de faveur, prononcèrent l'annulation de semblables libéralités ; peu à peu cependant ces exemples isolés tirèrent à conséquence, et finirent par donner lieu à une institution d'une application générale, bien que sans précision dans les détails.

Nous allons essayer d'en fixer les principaux éléments, en nous demandant d'abord quelles donations devaient être considérées comme inofficieuses, et ensuite quel était l'effet de cette inofficiosité. On peut établir d'une façon générale que la donation est inofficieuse quand elle excède les trois quarts du patrimoine de celui qui l'a faite. (Sous Justinien, au lieu des trois quarts, la proportion est seulement, selon les cas, deux tiers ou la moitié.) Mais il faut que la donation excède cette mesure à la fois au moment où elle a été faite et au moment de la mort.

Aussi, d'une part, si la donation, au moment où elle a été faite, n'excédait pas les trois quarts des biens, quoique plus tard, la fortune du donateur étant venue à péricliter, cette donation se trouvât formée de plus des trois quarts de sa fortune, il n'y aurait pas néanmoins lieu à révocation : la donation, une fois valablement faite, ne peut pas être annulée par un fait postérieur. A plus forte raison, si les biens du testateur avaient été diminués par de nouvelles donations, la première ne serait pas attaquable, mais les donations nouvelles pourraient être révoquées.

Si, en sens contraire, la donation, lorsqu'elle a été faite, était de plus des trois quarts du patrimoine du donateur, mais que, par suite d'acquisitions nouvelles, elle ne se trouvât pas former les trois quarts au jour du décès, il n'y aurait pas lieu à la plainte d'inofficiosité.

Lorsqu'une donation doit être considérée comme inofficieuse, le droit de l'attaquer appartient aux mêmes personnes qui ont le droit de former la *querela inofficiosi testamenti ;* certains auteurs ont même conclu de la loi 5, C. *de inofficiosâ donatione,* que le donateur lui-même pouvait, de son vivant, se faire restituer les biens qu'il aurait ainsi donnés ; mais ce texte n'est pas concluant, et on ne saurait admettre que le testateur fît lui-même révoquer une donation qu'il a librement consentie.

La plainte d'inofficiosité n'est admise contre les donations, pas plus que contre les testaments, qu'à défaut de tout autre moyen de faire remettre les biens donnés dans le patrimoine ; cela peut arriver soit au moyen de l'action *familiæ erciscundæ,* si la donation a été faite à un cohéritier, et qu'elle soit sujette au rapport (*collatio bonorum*), soit au moyen d'une restitution *in integrum,* si le défunt pouvait lui-même attaquer sa donation par ce moyen.

Dans quelle proportion est révoquée la donation attaquée par la plainte d'inofficiosité ? Cette question présente quelques incertitudes, probablement à raison de la façon arbitraire dont cette institution a été introduite. Cependant il résulte de plusieurs textes, et, entre autres, des lois 4 et 7 au C. *de inofficiosâ donatione*, que la révocation de la donation n'a pas lieu pour le tout, mais seulement pour la portion excédant les trois quarts. D'autres textes, comme la loi 87, § 3, *de legatis* 2° D., semblent indiquer, au contraire, que la donation est révoquée pour le tout, sauf dans le cas où elle aurait été faite sans intention de dépouiller les héritiers de leur légitime. Mais ces derniers textes ne présentent pas une précision suffisante pour prévaloir contre les autres.

CHAPITRE III.

DU CARACTÈRE, DES EFFETS ET DE L'EXTINCTION DE LA PLAINTE D'INOFFICIOSITÉ ET DES ACTIONS QUI S'Y RATTACHENT.

Nous avons vu que les légitimaires peuvent avoir quatre actions différentes contre les libéralités de leur auteur :

1° La plainte d'inofficiosité ;

2° L'action *familiæ erciscundæ* ou *ex testamento*, pour obtenir le supplément de leur légitime, quand elle ne leur avait été laissée qu'en partie (avant Justinien, cette action était donnée lorsque le testateur avait manifesté l'intention que la légitime fût complétée ; après lui, elle est donnée, à l'exclusion de la plainte d'inofficiosité, toutes les fois que le testateur a laissé quelque chose au légitimaire) ;

3° La *querela inofficiosæ donationis* ;

4° L'action en nullité donnée par Justinien aux enfants et ascendants qui n'ont pas été expressément institués héritiers, alors même qu'ils auraient reçu des legs, des fidéicommis ou des donations à cause de mort.

Nous avons à étudier le caractère, les effets et les modes d'extinction de ces quatre actions différentes.

De grandes difficultés se sont élevées sur le caractère de la plainte d'inofficiosité en elle-même. D'après certains auteurs, elle n'est qu'une espèce particulière de la pétition d'hérédité ; elle constitue donc, par conséquent, une action *in rem*. D'après d'autres, au contraire, elle serait une action *in personam* donnée contre l'héritier institué, et prenant sa source non dans le droit réel qui résulte du titre d'héritier, mais dans la nécessité d'une réparation d'honneur pour le légitimaire injustement offensé par le testament qui l'omet ou le déshérite. Dans cette dernière opinion, la plainte d'inofficiosité ne se confond pas avec la pétition d'hérédité, mais elle en est le préliminaire.

La première opinion semble plus conforme à des textes nombreux qui regardent la plainte d'inofficiosité et la pétition d'hérédité comme une seule et même chose. On peut citer les lois 20, 21, 8, § 8, 27, § 3, D. *de inofficioso testamento*. Les unes disent que celui qui attaque un testament comme inofficieux ne peut exercer d'autres actions que la pétition d'hérédité ; les autres, que par la plainte d'inofficiosité on *revendique* les biens de la succession. La loi 3, C. *de hereditatis petitione*, range expressément la plainte d'inofficiosité parmi les cas de pétition d'hérédité.

Il faut donc considérer la *querela inofficiosi testamenti* soit comme un cas particulier, soit comme une cause de la pétition d'hérédité, et non point comme une action préliminaire.

Cependant la plainte d'inofficiosité présente certaines règles spéciales qui la distinguent des cas ordinaires : ainsi la pétition d'hérédité ordinaire a lieu soit en vertu d'un testament, soit *ab intestat*. Or, d'une part, la plainte d'inofficiosité n'est pas fondée sur un testament ; d'autre part, un défunt n'est considéré comme intestat que s'il n'a fait aucun testament, ou s'il en a fait un qui se trouve *injustum, irritum, ruptum* ou *destitutum*. Or ici on ne se trouve dans aucun de ces cas ; il y a un testament valable d'après le droit civil, instituant un autre héritier. La plainte d'inofficiosité, il est vrai, annule ce testament et le fait considérer comme *injustum*, sous prétexte que le testateur ne jouissait pas de sa raison. Mais le testament n'est pas *injustum* par lui-même, et la preuve, c'est que, si la plainte d'inofficiosité n'était pas exercée, l'héritier institué pourrait, sans aucun doute, exercer lui-même la pétition d'hérédité contre les détenteurs de la succession ; or, en vertu d'un testament véritablement *injustum*, il ne pourrait pas le faire, car il n'aurait ni titre ni droit héréditaire. On voit par là que la plainte d'inofficiosité ne suppose pas précisément, comme la pétition d'hérédité ordinaire, le défunt mort intestat, mais qu'elle le rend tel (*intestatum facit*).

On a pu tirer de là un argument pour soutenir que la plainte d'inofficiosité n'est pas une pétition d'hérédité véritable. En effet, dit-on, la pétition d'hérédité n'est donnée que contre un détenteur *pro herede*, et jamais contre un héritier véritable ; or la plainte d'inofficiosité est donnée contre l'héritier testamentaire. Il est facile de répondre : la plainte d'inofficiosité annulant le testament, celui-ci doit être considéré comme n'ayant jamais existé, et l'héritier comme n'ayant eu aucun titre dès l'origine.

La *querela inofficiosi testamenti*, quoique relative à un droit pécuniaire, a cependant certains caractères des actions qui répondent à un besoin purement moral, comme l'action *injuriarum*, etc. Par conséquent, dans le cas où elle échoit à un fils de famille, celui-ci peut la former, même contre la volonté de son père ; et par une conséquence analogue, le père ne peut pas la former contre la volonté de son fils. De même encore elle ne passe pas aux héritiers de celui qui avait le droit de l'exercer, sauf le cas exceptionnel établi par Justinien dans la loi 34, C. *de inofficioso testamento*.

Par une autre analogie avec l'action résultant d'une injure, elle s'éteint par un délai fixé emportant renonciation ou droit de s'en prévaloir. Ce délai est celui de cinq ans à l'égard des personnes capables d'agir ; à plus forte raison s'éteindrait-elle par une renonciation expresse ou par l'exécution volontaire des dernières dispositions du défunt.

Une autre particularité de la *querela inofficiosi testamenti* est la suivante : celui qui l'a formée en son nom ou au nom d'autrui, et qui a échoué dans son action, soit parce qu'il avait été justement exhérédé, soit parce qu'il avait reçu le montant de sa légitime, perd le bénéfice de toutes les libéralités qui lui étaient assurées par le testament attaqué. Cette peine est prononcée contre le légitimaire, à raison de l'injure dont il se rend coupable envers le défunt en attaquant son testament sous un prétexte injuste de démence.

Cette déchéance ne s'appliquerait pas aux droits que le légitimaire pourrait avoir sur certains biens du défunt autrement que par le testament lui-même. Ainsi, les donations qui lui auraient été faites, la dot qui lui aurait été constituée, ne lui seraient pas enlevées, s'il succombait dans la plainte d'inofficiosité. On ne devrait pas non plus appliquer la déchéance dont nous parlons à celui qui, comme le tuteur, aurait agi au nom d'autrui, en vertu d'une obligation attachée à sa charge ; mais on devrait l'appliquer à celui qui se serait volontairement chargé, comme *procurator*, d'exercer pour un autre une plainte d'inofficiosité téméraire : il perdrait alors les avantages qui lui auraient été faits personnellement.

Occupons-nous maintenant des effets de la plainte d'inofficiosité ; elle a deux effets : celui de rescinder le testament attaqué, et celui de faire obtenir l'hérédité à la personne qui l'exerce. La rescision du testament a lieu pour le tout : 1° si l'héritier qui exerce la plainte d'inofficiosité est seul appelé à la succession : 2° s'il y en a plusieurs et qu'ils réussissent tous dans cette action après l'avoir formée ; 3° enfin si les héritiers qui ne forment par la plainte d'inofficiosité agissent avec l'intention de répudier la succession et donnent lieu, par conséquent, au droit d'accroissement. Mais la rescision n'est que partielle , si, plusieurs héritiers étant appelés à former la *querela inofficiosi testamenti*, quelques-uns acceptent la volonté du défunt ou sont repoussés dans leur action; ceux-là font part vis-à-vis des autres, et les héritiers institués profitent de la portion qui reste ainsi vacante.

Il y a encore un autre cas où la rescision du testament n'a lieu que pour partie : c'est quand il y a deux héritiers institués, et que le légitimaire réussit contre l'un d'eux et échoue contre l'autre, dans la plainte d'inofficiosité. Ce cas doit être assez rare, lorsque les légitimaires sont des enfants ou des ascendants ; car il faudrait supposer, par exemple, que, dans une instance, ils fussent reconnus coupables d'ingratitude, et que, dans l'autre, le juge eût apporté une appréciation différente. Mais si les légitimaires sont des frères ou sœurs, le cas peut se présenter facilement ; en effet, l'un des deux héritiers institués peut être une personne honorable, l'autre une personne de condition vile (*turpis persona*). Dans ce cas, le testament sera rescindé vis-à-vis de l'un des héritiers institués, et pour sa moitié; il restera valable pour l'autre moitié. Ainsi le testateur pourra se trouver partie *testat* et partie *intestat*.

Malgré la rescision du testament, certaines dispositions peuvent rester valables ; tels sont les affranchissements laissés par fidéicommis, sous la condition que les esclaves affranchis payeront vingt *aurei* à l'héritier; les affranchissements faits directement par le défunt restaient également valables, si le légitimaire n'avait pas attaqué le testament dans les cinq ans. Ce délai de cinq ans faisait ordinairement perdre le droit de former la plainte d'inofficiosité elle-même; mais, s'il s'agissait d'un mineur de vingt-cinq ans, ce délai ne courait pas contre lui pendant sa minorité et n'avait d'autre effet que de valider les affranchissements. Quant aux autres dispositions contenues dans le testament, comme les legs, les fidéicommis, elles étaient toujours annulées, sauf le droit qui appartenait au légataire ou fidéicommissaire d'intervenir pour éviter une collusion entre le légitimaire et l'héritier institué.

Le second effet de la plainte d'inofficiosité est de faire obtenir l'hérédité à celui qui l'exerce ; mais il ne l'obtient, d'après les distinctions ci-dessus, que pour sa part héréditaire; et si même il se trouve un héritier plus rapproché, c'est à ce dernier que profite la plainte d'inofficiosité, et non à celui qui l'a intentée.

Tels sont le caractère et les effets de la plainte d'inofficiosité en elle-même ; mais si le légitimaire a le droit d'obtenir sa légitime en vertu d'une disposition spéciale du testament (disposition qui, sous Justinien, est toujours sous-entendue, du moment qu'il est institué pour une portion quelconque), c'est par une action différente qu'il doit réclamer le supplément de sa légitime. Cette action sera l'action *familiæ erciscundæ*, si le légitimaire est institué héritier; l'action *ex testamento*, s'il est simplement légataire ou fidéicommissaire. Ces deux actions n'ont pas le caractère exceptionnel de la plainte d'inofficiosité; aussi peuvent-elles être exercées perpétuellement, et sont-elles transmissibles aux héritiers du légitimaire.

Quant au caractère de la plainte d'inofficiosité dirigée contre les donations, les textes ne nous fournissent aucun renseignement précis ; doit-on la considérer comme un action *in rem* ou *in personam*? Il semble difficile d'en faire une action *in personam*. En effet, on ne peut pas dire qu'elle naisse d'un contrat, d'un quasi-contrat, d'un délit ou d'un quasi-délit. La donation excessive ne crée pas une obligation personnelle du donataire envers le légitimaire ; nous savons d'ailleurs que la *querela inofficiosæ donationis* a été introduite à l'imitation de la *querela inofficiosi testamenti*, et nous avons établi que cette dernière action n'est qu'une espèce particulière de la pétition d'hérédité. Or celle-ci est incontestablement une action réelle ; c'est donc le caractère que nous devons aussi reconnaître à la plainte d'inofficiosité dirigée contre les donations. Il résulte de là que cette action se donne non-seulement contre le donataire lui-même, mais aussi contre tout tiers possesseur des biens donnés. Et, d'un autre côté, le donataire lui-même n'y est exposé qu'autant qu'il possède ces biens, à moins cependant qu'il n'ait connu le vice d'inofficiosité dont la donation était entachée; alors, en effet, s'il cesse de posséder, il y a dol de sa part (*dolo desiit possidere*), et on lui applique la règle *dolus pro possessione est.*

La plainte d'inofficiosité dirigée contre les donataires n'a pas, ainsi que celle qui s'applique aux testaments, un effet radical et absolu ; elle ne permet de rescinder les donations que jusqu'à concurrence de la légitime ; mais, du reste, elle a le même fondement, et s'éteint par les mêmes moyens : la renonciation, l'exécution volontaire, la prescription quinquennale, et enfin par la mort du légitimaire.

Justinien, dans la novelle 115, ch. 3, a modifié les principes de la plainte d'inofficiosité. Il a exigé que le testateur ayant des enfants ou ascendants, ou même des frères ou sœurs, les instituât héritiers, ou les exhérédât, en indiquant expressément le motif de cette exhérédation : ce motif doit être un de ceux qu'il a établis limitativement dans sa constitution, et la preuve qu'il est fondé est à la charge de l'héritier institué. Ainsi, il ne suffit plus, d'après la novelle 115, que le légitimaire recueille sa légitime à titre de legs, de fidéicommis ou de donation à cause de mort, il faut lui conférer le titre plus honorable d'héritier. Mais ce principe doit se combiner avec celui qui est posé dans la loi 30, C. *de inofficioso testamento*. Il n'est pas nécessaire que l'institution d'héritier soit faite pour la valeur totale de la légitime. L'institution pour une valeur moindre rend le testament valable, et ne laisse au légitimaire que le droit de réclamer un supplément de légitime. Ainsi la législation de Justinien est plus rigoureuse que l'ancien droit sous le rapport du titre auquel doit recueillir le légitimaire, moins rigoureuse sous le rapport de la valeur à lui laisser, pour exclure la plainte d'inofficiosité.

L'action en nullité introduite par Justinien dans la novelle 115 peut être considérée comme une espèce nouvelle de la plainte d'inofficiosité. Cependant on pourrait aussi la rattacher à la législation qui établissait la nécessité des exhérédations comme une des formes essentielles du testament. On pourrait croire, par conséquent, que, le testament étant *injustum* et non pas simplement *inofficiosum*, la nullité pouvait être invoquée par toute personne, et n'être pas éteinte par la mort des légitimaires. Mais cette conclusion semble contraire à l'intention de Justinien : l'action n'est organisée qu'au bénéfice des légitimaires eux-mêmes.

Du reste, la nullité n'atteignait en ce cas que l'institution d'héritier, et ne s'étendait pas aux legs, fidéicommis et affranchissements que pouvait contenir le testament. Cette décision rappelle un rescrit d'Adrien qui, dans une espèce particulière, avait annulé l'institution d'héritier inofficieuse, et maintenu les legs et fidéicommis. (L. 28, D. *de inofficioso testamento*.)

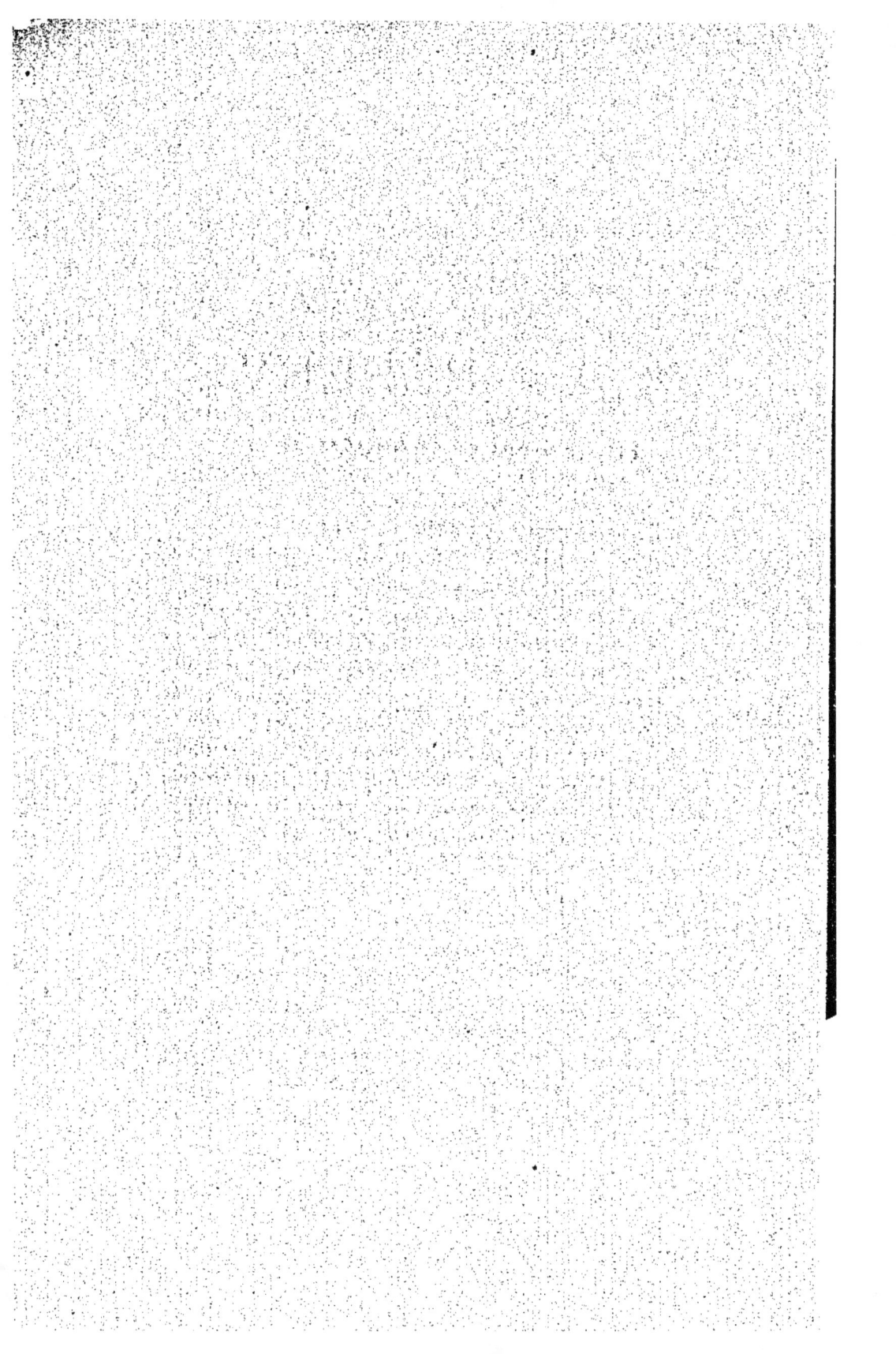

DU PRINCIPE ET DE L'ORIGINE

DE LA RÉSERVE

EN DROIT FRANÇAIS.

Lorsque le père de famille meurt en laissant des ascendants ou des descendants, une loi qui vient de la nature elle-même ne veut pas que les libéralités arbitraires qu'il a pu faire épuisent la totalité de son patrimoine, et portent un trop grand préjudice à ces mêmes ascendants ou descendants.

En thèse générale, il est vrai que le droit de disposer à titre gratuit comprend l'ensemble des biens qui se trouvent dans le patrimoine actuel du disposant, ou qui se trouvent dans son hérédité. Mais, dans un but de bienfaisance qui ne peut être trop loué, le législateur a voulu mettre des bornes à ce droit.

La propriété, nous le savons, est le droit de disposer de ses biens de la manière la plus absolue, et la libéralité est une vertu qui mérite d'être encouragée. Nous venons de dire que, malgré cela, on avait cru devoir mettre des bornes à ces libéralités. Pourquoi donc ? En voici la raison : c'est que la justice doit l'emporter sur la bienfaisance ; il est un devoir que tout homme doit remplir avant de songer à faire des libéralités, et ce devoir est celui-ci : il doit acquitter les dettes qu'il a contractées. Or, en devenant père ou mère, selon qu'il s'agisse ici de l'homme ou de la femme, il a contracté une obligation envers sa postérité. C'est la nature elle-même qui élève la voix pour que les parents conservent aux enfants qui leur doivent le jour au moins une partie de leurs biens.

C'est aussi l'affection, la raison et l'intérêt de la famille qui veulent que le père de famille assure dans ses biens à ses auteurs et à ses enfants une part raisonnable. C'est cette portion sacrée que la loi détermine et qu'elle rend indisponible. Le droit du père est limité par la dette par lui contractée envers ses enfants et ses ascendants. Il est bien le maître de disposer de toute sa fortune, lorsqu'il est sans enfants et sans ascendants; mais s'il en laisse à sa survivance, il ne jouit plus de la même liberté. Un texte du jurisconsulte Paul dit aussi que le droit naturel est la base immuable du droit des enfants : « *Cum ratio naturalis, quasi lex quædam tacita, liberis parentum hæreditatem addiceret, velut ad debitam successionem eos vocando, propter quod et in jure civili, suorum hæredum nomen eis indictum est* (1). »

Les pères et mères sont quelquefois égarés par des passions; ces passions les entraînent à faire des actes qui ne sont pas toujours conformes aux sentiments de la nature; il fallait donc absolument porter un remède à ce mal; il fallait les contraindre à s'acquitter des devoirs que leur qualité de père et de mère leur imposait. De là, chez les peuples les plus civilisés, des lois qui ont assuré aux enfants une part déterminée des biens de leurs père et mère.

Chez les Anglais, par exemple, on peut disposer de tous ses immeubles par testament; mais, quant aux meubles ou choses personnelles, un tiers seulement est disponible ; les deux autres tiers, appelés *portion raisonnable*, sont réservés pour la femme et les enfants. Cette portion était appelée légitime chez

(1) Paul, L. 7, D. *de bonis damnat*

les Romains ; dans notre ancien droit, elle portait aussi le nom de légitime, *pars legitima;* c'était la quotité que la loi assurait aux enfants dans la succession de leur père ou mère, quotité qui ne pouvait être entamée par des dispositions à titre gratuit; dans notre droit actuel, on lui donne le nom de réserve. La quotité disponible est la portion dont le père de famille peut disposer par donations entre-vifs et par testament. Disponibilité et réserve sont donc deux parties d'un même tout que l'on appelle succession.

Nous avons étudié les moyens employés par le droit romain pour assurer aux enfants une portion de l'hérédité paternelle ; ces principes passèrent dans nos pays de droit écrit.

Dans nos anciens pays coutumiers, plusieurs moyens avaient été également pris pour assurer les droits de la famille contre des libéralités inconsidérées : c'était d'abord l'institution des réserves coutumières, ces réserves étant une portion déterminée des biens propres de chaque individu (ordinairement les quatre quints), dont il lui était défendu de disposer à titre gratuit. Etablies dans l'intérêt de la conservation des biens patrimoniaux dans les familles, ces réserves ne portaient que sur les biens propres, et non sur les meubles et acquêts, sauf dans la coutume de Bretagne (art. 199), et elles étaient assurées aux collatéraux aussi bien qu'aux descendants; elles n'étaient pas accordées aux ascendants, en vertu de ce principe que les propres ne remontent pas.

Outre ces réserves, nos pays coutumiers connaissaient également la légitime, qui était une portion de tous les biens laissés par un père de famille, et que la loi assurait exclusivement à ses descendants et quelquefois à ses ascendants.

Ces légitimes étaient bien issues du droit écrit, c'était bien une imitation de la querelle d'inofficiosité qui les avait fait recevoir; mais, malgré cela, elles étaient envisagées sous un point de vue autre que dans le droit romain. La légitime des pays coutumiers, en effet, était ce qui formait l'hérédité du défunt, et la portion disponible n'était qu'une déduction de cette même hérédité ; aussi était-il admis d'une manière constante qu'on ne pouvait réclamer la légitime qu'autant qu'on était héritier : *non habet legitimam nisi qui hæres est.*

D'où provenait donc cette différence dans la manière de considérer la réserve? Des principes différents sur le fondement des successions en droit romain et dans les coutumes. La volonté de l'homme faisait seule les héritiers dans le droit romain ; le père, en effet, pouvait exclure ses enfants de sa succession, et pour cela il n'avait tout simplement qu'à choisir ses héritiers. Plus tard, même malgré l'introduction du système des légitimes, le père de famille continua de pouvoir choisir un héritier; on ne voulut pas que ce système le privât de ce droit. On continua donc à considérer pour héritier, comme on l'avait fait jusqu'alors, celui qui était institué par le père de famille. L'enfant avait bien un droit dans la succession, puisque la légitime lui était exclusivement réservée; mais il n'était pas considéré comme héritier, c'était un simple créancier de la succession pour sa légitime.

C'était tout le contraire qui avait lieu dans les coutumes; ce n'était plus la volonté de l'homme, mais bien la loi qui faisait les héritiers. Ici les institutions d'héritiers n'étaient considérées que comme des legs, lesquels n'étaient valables que jusqu'à concurrence de la portion disponible. C'était la loi qui saisissait l'héritier descendant du disposant; il n'était plus, comme dans le droit romain, un simple créancier de la légitime ; c'était à lui, au contraire, que l'institué devait demander la délivrance.

D'après cela, il est facile de voir que la légitime était réellement une portion de l'hérédité, et qu'on n'y avait aucun droit, à moins de justifier de sa qualité d'héritier. Si donc des dons successifs avaient été faits, l'enfant avait une action en réduction qui n'était autre qu'une sorte d'action en pétition d'hérédité.

La légitime due aux enfants n'était pas fixée d'une manière invariable ; elle variait suivant les coutumes. Plus tard on arriva à plus de précision : elle fut, dans la plupart des coutumes, la moitié de la part et portion que chaque enfant eût eue dans la succession de son père et de sa mère, s'ils fussent décédés *ab intestat*. Dans certaines coutumes, il n'existait aucune disposition particulière en faveur des enfants, outre la réserve coutumière faite en faveur de tous les successibles en général (1). Dans d'autres il y avait, au contraire, des dispositions particulières en faveur des enfants (2). Ces dispositions différaient entre elles sous deux rapports. Les unes établissaient en faveur des enfants une légitime, c'est-à-dire une portion de biens qui leur était réservée par la loi ; les autres leur accordaient un droit sur les biens qui formaient le douaire accordé aux femmes dans toutes les coutumes, et ce par le droit commun. Ce douaire légal consistait dans l'usufruit du tiers (3) ou de la moitié (4) de tous les héritages appartenant au mari au jour de la bénédiction nuptiale, et de ceux qu'il avait eus depuis par succession directe ou collatérale. La propriété de ce douaire était donc accordée aux enfants par certaines coutumes ; le but auquel elles tendaient, était que ce douaire fût le propre héritage des enfants issus du mariage, de sorte que les père et mère ne pouvaient plus vendre le douaire, l'hypothéquer au préjudice de leurs enfants, et cela dès l'instant du mariage (5). Les coutumes ne s'en tenaient pas seulement à cela.

(1) Bretagne, art. 199.
(2) Paris, art. 249. — Normandie, art. 381, 386.
(3) Normandie, art. 367.
(4) Paris, art. 248.
(5) Paris, art. 249. Loisel, *Règles du droit*, F., liv. 1, tit. 3, reg. 27.

4

Outre la propriété du douaire qu'elles assuraient aux enfants, elles avaient établi une légitime, autrement dit une portion que la loi réservait aux enfants, et dont leurs père et mère ne pouvaient disposer. Voici ce que disait à cet égard l'art. 298 de la coutume de Paris : « La légitime est la moitié de telle part et portion que chacun enfant eût eue dans la succession desdits père et mère, aïeul ou aïeule, ou autres ascendants, si lesdits père et mère, ou autres ascendans n'eussent disposé par donations entre-vifs ou dernière volonté, sur le tout déduits les dettes et les frais funéraires. » Cette légitime s'étendait aussi bien sur les biens de la mère que sur ceux du père; mais c'était seulement sur les biens existant à leur mort qu'elle pouvait être prise ; on y réunissait ceux dont ils avaient disposé à titre gratuit, mais non ceux qu'ils avaient aliénés à titre onéreux.

La coutume de Normandie, à laquelle avait été donné le nom de sage par excellence, établit dans son art. 404 une légitime sur les biens de la mère, de même qu'un douaire sur ceux du père; mais elle voulut que, comme le douaire, ce fût une portion sacrée, assurée par la loi aux enfants, indépendamment de la mauvaise conduite des père et mère, et qu'elle ne pût également être ni hypothéquée, ni aliénée.

La coutume de Paris formait le droit commun du royaume. Le droit romain avait adopté une échelle graduée suivant le nombre des enfants; cette coutume ne suivit pas le droit romain, elle n'accepta pas cette gradation et fit une légitime uniforme, fondée sur ce qui se serait fait si le père n'eût pas disposé de ses biens; elle était plus forte pour chacun des enfants quand leur nombre était moins grand, et moins forte quand ils étaient plus nombreux. Cette fixation du droit de disposer de ses biens, de la part du père, limitée à la moitié, émanait de l'équité elle-même. En effet, partant du principe, dont il a été parlé plus haut, que le père, attaché par un lien étroit à ses enfants, devait réserver à ceux-ci une portion de ses biens, on accordait la moitié au droit de propriété, c'est-à-dire aux pères; la moitié à la piété filiale, c'est-à-dire aux enfants. Les enfants se trouvaient associés pour moitié dans le patrimoine de la famille.

A Tours, le père n'avait le droit de disposer que de ses meubles, et en outre de la moitié de l'usufruit de ses acquêts. La coutume de Bourgogne accordait aux enfants, comme réserve, et quel que fût leur nombre, le tiers de tous les biens sans distinction. Quant aux ascendants, aucun droit à la légitime ne leur avait été accordé dans les pays coutumiers; ils n'avaient pas non plus droit aux réserves coutumières; mais si les coutumes avaient refusé ces droits aux ascendants, elles avaient été plus favorables aux collatéraux. Presque toutes accordaient, ainsi que nous l'avons vu, une réserve aux collatéraux même les plus éloignés. La raison qui avait fait admettre ce principe était la distinction qui existait, dans cette partie de la France, entre les propres et les acquêts; c'était pour ne pas faire sortir les propres des familles que ces réserves en collatérale avaient été établies; mais il ne faut pas croire que cette réserve fût basée sur les mêmes motifs qui avaient fait admettre la légitime; une grave différence existait entre elles : dans le cas de réserve en collatérale, elle était fondée sur un esprit de conservation; le propriétaire était considéré pour ainsi dire comme un dépositaire, un fidéicommissaire; il ne pouvait disposer que du quint de ses propres, et à l'héritier seul de la ligne d'où les propres procédaient, la coutume conservait les quatre autres quints.

La légitime des descendants était au contraire fondée sur un motif d'affection. L'une émanait d'un droit naturel, l'autre d'une nécessité politique. Cette nécessité politique venant à s'évanouir, la réserve à laquelle elle servait de base dut s'écrouler avec elle; tandis que la légitime a été maintenue et fortifiée par le Code Napoléon, parce que les motifs d'affection et d'humanité qui l'ont fait admettre, ne peuvent pas disparaître. Du reste, il y avait encore une distinction importante, sur ces réserves coutumières, entre les donations entre-vifs et les testaments. Par disposition entre-vifs, on pouvait, sauf la légitime de droit, disposer de tous ses biens, comme on aurait pu le faire par aliénation à titre onéreux ; c'était seulement pour les testaments et les autres dispositions à cause de mort, que les réserves coutumières accordaient aux propres la protection dont nous avons parlé. Le motif qui avait fait admettre cette différence était dicté par la raison elle-même. On savait que l'homme éprouvera toujours une certaine aversion à se dépouiller irrévocablement de son vivant, tandis que celui qui fait son testament ne dispose que pour le moment de sa mort, et est par conséquent moins retenu par des intérêts personnels.

DE LA RÉSERVE DES ENFANTS ET DESCENDANTS.

Nous avons exposé quel était en 1789 le droit qui partageait la France. Mais, malgré ses diversités, on peut remarquer que le but vers lequel il tendait, tant dans la France coutumière que dans la France de droit écrit, était de concilier l'autorité paternelle avec le droit des enfants. De sages esprits cherchèrent donc à le rendre uniforme. La loi du 7 nivôse an II porta au pouvoir des pères la plus funeste atteinte ; mais, sous le Consulat, la loi du 4 germinal an VIII rendit aux pères le pouvoir qui leur avait été enlevé par la loi de l'an II, et leur permit de récompenser ou de punir leurs enfants, mais avec mesure. Elle régla la quotité disponible de la manière suivante :

Art. 1er. « Toutes libéralités qui seront faites, soit par actes
» entre-vifs, soit par acte de dernière volonté, dans les formes
» légales, seront valables, lorsqu'elles n'excéderont pas le
» quart des biens du disposant, s'il laisse à son décès moins

» de quatre enfants ; le cinquième, s'il laisse quatre enfants ;
» le sixième, s'il en laisse cinq, et ainsi de suite, en comptant
» toujours, pour déterminer la portion disponible, le nombre des
» enfants plus un. » On revenait ici à une échelle graduée,
conformément au droit romain, pour déterminer la réserve ;
cette loi abandonnait donc la légitime uniforme adoptée par les
coutumes. Cet état de choses exista jusqu'à la confection du
Code Napoléon. A cette époque, la section de législation, après
avoir soigneusement étudié cette loi, ainsi que les lois antérieures qui avaient gouverné la France, chargea M. Bigot
de Préameneu de faire le rapport de ses propositions à la
séance du conseil d'Etat du 30 janvier 1803. Une discussion
eut lieu au conseil d'Etat ; les uns étaient partisans du projet de
la section de législation ; les autres proposaient de conserver
le système de la loi du 4 germinal an VIII. Ce fut le consul
Cambacérès qui fit adopter, au milieu de cette discussion, un
amendement qui n'était ni la loi de l'an VIII, ni le projet de la
section. Cet amendement est devenu l'art. 913 du Code Napoléon.

Cet article accorde au père la disposition d'une partie de ses
biens, qui varie suivant le nombre d'enfants qu'il peut avoir.
N'en a-t-il qu'un, il pourra disposer de la moitié de ses biens ;
du tiers, s'il en a deux ; du quart, s'il en a trois ou davantage. Ce système est très-rationnel. Certes on peut dire que le
droit accordé au père de disposer de la moitié de ses biens est
un droit excessif. Mais qu'arrivera-t-il le plus souvent ? C'est
que le père, lié par l'affection la plus intime avec son enfant, ne
fera pas usage du droit qui lui est accordé par la loi ; à moins
de motifs graves, il ne préférera pas donner ses biens à un
étranger plutôt que de les laisser à son enfant unique.

Au cas où le père a deux enfants, il peut très-bien arriver
qu'il porte plus d'attachement à l'un qu'à l'autre, et qu'il
dispose du tiers que la loi lui permet de donner en faveur

de l'enfant auquel il est le plus attaché, et qu'il ne laisse qu'un tiers seulement à l'un et les deux tiers à l'autre. Mais un motif de justice a voulu qu'il en fût ainsi, et que le père pût de cette façon punir l'insubordination ou la mauvaise conduite de l'un de ses enfants; s'il y a trois enfants, comme il ne peut disposer que d'un quart, ce droit n'a rien d'exorbitant. Mais si le père de famille a plus de trois enfants, quatre ou cinq, par exemple, quel qu'en soit le nombre, on ne suit plus ici la gradation adoptée par la loi de l'an VIII; s'il en était autrement, il en résulterait que lorsque les enfants seraient très-nombreux, l'autorité accordée au père de famille serait réduite presque à rien. Quel que soit donc le nombre des enfants, la quotité disponible ne sera jamais au-dessous du quart.

Voici donc la différence qui existe entre l'article 913 et la loi de l'an VIII. Quand la famille est composée précisément de trois enfants, ces lois s'accordent entièrement; mais au-dessus ou au-dessous de ce nombre, elles se séparent complétement.

Il ne suffisait pas d'avoir réglé la portion disponible à l'égard des enfants, il fallait aussi s'occuper de celle qui devait être accordée aux père et mère. Aucune difficulté ne s'éleva à ce sujet, et l'article 915 du Code Napoléon n'est que la reproduction de l'article proposé par la section. On s'occupa aussi d'une légitime qui devait appartenir aux frères et sœurs; mais ici les débats furent plus sérieux. Après de nombreuses discussions à ce sujet, le conseil d'Etat, qui avait admis ce principe d'une légitime, ne crut pas devoir persister; aussi, sur les observations du tribunat, retrancha-t-il la disposition.

Toutefois il faut encore faire une remarque : c'est que la loi n'a pas distingué entre les donations entre-vifs et les testaments, pour fixer la portion de biens dont le père peut disposer; il n'a pas plus de droits dans un cas que dans l'autre, et la quotité disponible est aujourd'hui la même pour les donations et pour les dispositions à cause de mort. D'un autre côté.

on peut, en matière de légitime, appliquer au Code Napoléon la maxime de Dumoulin : *Non habet legitimam, nisi qui hæres est* (1); car la portion disponible ne doit être considérée que comme une défalcation de l'hérédité. Le Code ici a plutôt incliné vers le droit coutumier que vers le droit romain. En effet, dans ce dernier, la légitime était accordée à la qualité d'enfant, et non à celle d'héritier, qualité qui était toujours dépendante de la volonté du testateur.

Malgré cette ressemblance entre le droit coutumier et le Code Napoléon, il existe entre eux une distinction qu'il importe de signaler. Dans le droit coutumier, la légitime n'était autre chose qu'une portion de la portion *(portio portionis)* que l'enfant aurait dû avoir s'il eût succédé à son père mort *ab intestat ;* de sorte que cette portion était due en détail à chaque enfant et lui était personnelle; aussi, suivant les auteurs coutumiers, on ne donnait point en masse aux enfants la portion qui était destinée pour leur légitime. Sous le Code Napoléon, au contraire, les biens qui composent le patrimoine du disposant sont divisés par la loi en deux parts : l'une disponible, l'autre indisponible. La seconde est ici calculée sur le nombre des héritiers réservataires, et ils en sont saisis collectivement et non chacun pour sa part, comme dans le droit coutumier. Sous l'empire de ce Code, au lieu d'être divisée comme dans le droit coutumier, cette portion disponible est une masse, un tout qui passe aux héritiers légitimaires, pour être ensuite par eux divisée en égales quotités. Ici le Code se rapproche du droit romain, novelle 18. La légitime n'est plus *portio portionis* , mais bien portion des biens en masse, *portio hæreditatis.* La novelle 18, en effet, voulait que la portion indisponible appartînt aux enfants en masse et collectivement.

L'article 913 du Code Napoléon s'occupe tout d'abord de

(1) Sur Paris, art. 125.

régler la réserve attribuée aux enfants. Cette disposition est fort juste, car, dans l'ordre de la nature, ce sont les enfants qui sont les premiers; ce sont donc eux, par conséquent, qui doivent, avant tous les autres, être mis à l'abri du pouvoir de disposer; c'est pour eux que le législateur a voulu mettre un frein à des sévérités injustes, assez rares, il faut bien le dire, car on ne peut douter de l'affection des pères, mais qui peuvent cependant avoir lieu. Cette réserve, ainsi que nous l'avons dit plus haut, varie selon le nombre des enfants qui y ont droit. Mais quels sont donc les enfants qui ont droit à cette réserve? Tous indistinctement peuvent-ils y prétendre? Est-il nécessaire de distinguer s'ils sont légitimes, naturels, adoptifs, absents ou renonçants? Tous ces divers cas offrent de sérieuses difficultés et doivent être examinés chacun à leur tour.

Quant aux enfants légitimes, il est bien peu de choses à dire à leur égard; car il est évident qu'ils sont compris en première ligne parmi les enfants ayant droit à la réserve. Les enfants légitimés, ayant les mêmes droits que les enfants légitimes, doivent également profiter de la réserve, et ils peuvent même faire réduire, pour l'obtenir, les libéralités qui seraient antérieures à leur légitimation. Mais en est-il de même des enfants naturels? Si nous ne consultons que l'article 913, pris séparément, peut-être pourrait-il exister un doute à ce sujet; car on pourrait dire qu'il n'y a de légitimaires que ceux qui sont établis tels par la loi; or, comme l'article 913 ne parle que des enfants légitimes, peut-être dirait-on que l'enfant naturel n'a droit à aucune réserve; mais, en présence de l'article 757 du Code Napoléon combiné avec les articles 756 et 761, il n'est plus permis de douter, et la précision des dispositions de ces articles fait décider que les enfants naturels ont droit à une réserve, de même que les enfants légitimes. En effet, le droit successif attribué aux enfants naturels est une fraction de celui qu'ils auraient, s'ils étaient légitimes; or, dans le droit successif des enfants légitimes se trouve une portion réservée que le père de famille ne peut entamer. Le droit de l'enfant naturel doit donc également comprendre une portion réservée, qui est, avec son droit total *ab intestat*, dans le même rapport que la réserve de l'enfant légitime avec sa part héréditaire.

D'après l'article 761, il est vrai, le père de famille peut interdire toute réclamation sur sa succession à l'enfant naturel, en lui donnant entre-vifs la moitié de la portion à laquelle il aurait droit; mais cette disposition même est une preuve que l'enfant naturel a une réserve; autrement son père pourrait l'exclure absolument et sans condition de son hérédité.

Seulement, il faut bien le dire, ces enfants naturels n'ont pas de saisine héréditaire; c'est le Code lui-même qui, dans son article 756, a tracé, et cela dans le but d'honorer le mariage et la morale, une ligne de démarcation sensible entre les enfants nés d'une union légitime et ceux nés des égarements de leurs père et mère. La loi, par respect pour la famille, et en même temps pour la légitimité, leur a enlevé l'honneur attaché au titre d'héritier; aussi comprend-on parfaitement la raison qui a fait que le législateur, dans son article 913, n'a pas mentionné les enfants naturels. La réserve est ce qui forme la succession, l'hérédité; or les enfants naturels n'étant pas considérés comme héritiers, doivent être regardés comme n'existant pas pour la détermination de la portion qui forme l'hérédité; mais, d'un autre côté, s'il est vrai que les enfants naturels n'ont aucun droit à l'hérédité, en tant qu'héritiers proprement dits, il est bien vrai aussi qu'ils ont droit à une réserve d'une espèce toute particulière : c'est une charge des biens composant la succession; et puisque l'article 757 accordait aux enfants naturels, dans la succession de leurs père et mère morts *ab intestat*, une part moindre, il est vrai, que celle qu'ils auraient eue s'ils eussent été légitimes, il était juste qu'en matière de réserve il en fût de même; aussi, en se reportant à ce qui a été édicté par l'article 757, la réserve de l'enfant naturel, dans le cas de libéralités entre-vifs ou testamentaires, doit aussi être une quotité de la portion qu'il aurait eue à titre de réserve s'il eût été légitime.

Pour éclaircir davantage le sujet dont il est question ici, nous allons examiner plusieurs cas où l'enfant naturel peut se trouver en concours avec des enfants légitimes, et voir quels sont les moyens qu'il faut employer pour arriver à déterminer la part qui doit revenir à chacun des enfants légitimes et des enfants naturels.

Première hypothèse. Un père est mort en laissant un enfant légitime, un enfant naturel et un légataire universel. Les biens laissés par le défunt s'élèvent à 24,000 fr. Quelle sera la part de chacune de ces différentes personnes ? Si la succession eût été *ab intestat*, l'enfant naturel aurait eu droit au tiers de la portion qu'il aurait eue s'il eût été légitime. Ici encore sa réserve sera donc du tiers de ce qu'il aurait eu droit de réclamer comme réservataire, s'il eût été légitime.

L'enfant naturel doit être considéré un moment comme légitime ; supposons donc les deux enfants légitimes : la réserve sera des deux tiers, la quotité disponible d'un tiers ; par conséquent, chacun d'eux aurait droit à 8,000 fr., et les 8,000 autres seraient pour le légataire universel ; mais comme ici il y a un enfant naturel, et qu'il ne doit prendre qu'un tiers de ce qu'il aurait eu droit de réclamer s'il eût été légitime, il n'a droit qu'au tiers de 8,000 fr. ; il prendra donc 2,666 fr. sur ces 8,000 fr. 2,666 fr. étant déduits, il reste 5,333 fr. ; à qui donc appartiendront-ils ? Sera-ce à l'enfant légitime ? non, car, dans ce cas-là, la présence de l'enfant naturel protégerait l'enfant légitime et lui ferait avoir plus qu'il n'aurait eu en venant seul en concours avec le légataire ; en effet, seul il n'aurait eu droit qu'à la moitié, c'est-à-dire à 12,000 fr. dans l'espèce, et s'il prenait ces 5,333 fr. restants, il aurait alors 13,333 fr., c'est-à-dire une réserve plus considérable que celle que la loi lui accorde. Ce ne sera pas non plus au légataire universel que cette somme fera retour, car les mêmes inconvénients résulteraient de cette attribution qui lui serait faite. Or la position du légataire ne peut pas être meilleure, parce qu'au lieu d'être en concours avec un seul réservataire, il se trouve en concours avec deux. Voici donc ce qu'il faut faire : on partage .excédant entre l'enfant légitime et le légataire ; chacun alors a 10,666 fr. La part de l'enfant naturel est une dette, une dérivation de la succession, qui sera supportée par les réservataires et les légataires chacun en proportion de ce qu'il prend. L'enfant naturel prélèvera donc 2,666 fr. 66 c. ; quant au surplus, il sera partagé entre l'enfant légitime et le légataire.

Deuxième hypothèse. Le défunt a laissé en mourant un fils légitime, deux enfants naturels et un légataire universel. Le cas est le même que le précédent ; s'ils étaient tous légitimes, la réserve serait de 18,000 fr. sur la masse des 24,000 fr. (art. 913) ; mais comme il y en a deux naturels, ils prélèveront chacun 2,000 fr., tiers des 6,000 fr. auxquels ils auraient eu droit s'ils eussent été légitimes ; il reste alors 20,000 fr. qui se partageront entre l'enfant légitime et le légataire universel.

Troisième hypothèse. Le père meurt en laissant deux enfants légitimes, deux enfants naturels et un légataire universel. Comment faudra-t-il calculer ici pour accorder à chacun la réserve à laquelle il a droit. Si chacun eût été légitime, il eût eu droit à 4,500 fr. ; mais comme il y en a deux qui sont naturels, et qu'on prélève d'abord la part de l'enfant naturel sur la masse de la succession, ils ne prennent chacun que 1,500 fr., et les 21,000 fr. restants se partagent par tiers entre les deux enfants légitimes et le légataire universel.

Mais ce calcul ne peut plus avoir lieu lorsqu'il existe, indépendamment d'un enfant naturel, trois enfants légitimes ou plus. Si l'on prélevait encore la part de l'enfant naturel sur la masse de la succession, le légataire universel aurait moins du quart; résultat impossible, puisque l'art. 913 veut que le légataire universel ait toujours le quart. La présence d'un enfant naturel ne peut pas réduire la part du légataire universel plus que ne le ferait la présence d'un enfant légitime ; il faut alors commencer par prélever sur la masse le quart qui revient au légataire universel; après, on prélève la part de l'enfant naturel, qui aura le tiers d'un quart, c'est-à-dire un douzième.

Nous avons dit que les art. 757 et 761 combinés attribuaient implicitement une réserve aux enfants naturels reconnus. Mais on ne peut pas accorder au père ou à la mère d'un enfant naturel reconnu une réserve sur l'hérédité de ce dernier. En effet, la réserve est un droit qui ne peut être attribué qu'à ceux-là seulement en faveur desquels la loi l'a établie soit d'une manière expresse, soit tout au moins d'une manière implicite. Or, la combinaison des art. 757 et 761 conduit bien à reconnaître une réserve en faveur des enfants naturels, mais nulle part dans le Code on ne trouve d'articles qui, pris soit isolément, soit combinés ensemble, admettent une réserve en faveur des pères et mères naturels.

On a soutenu l'opinion contraire, et dans ce système on a dit que, par réciprocité, puisqu'on accordait bien une réserve aux enfants naturels reconnus, on devait aussi en admettre une en faveur des pères et mères qui les avaient reconnus. Ce raisonnement ne me semble pas fondé; car, en effet, la position de l'enfant naturel est considérée bien plus favorablement par la loi que celle de ses père et mère. Le premier, en effet, n'est que la victime d'une faute dont ses parents sont coupables ; il ne serait donc pas juste qu'ils fussent traités aussi avantageusement les uns que les autres. Le législateur n'avait pas, pour protéger les intérêts du père et de la mère, des motifs aussi puissants que ceux qui le poussaient à garantir ceux des enfants. Du reste, il est une autre raison de décider ainsi que nous le faisons, et cette raison dérive de la loi elle-même, et prouve qu'il n'est jamais entré dans l'esprit du législateur d'admettre ce principe de réciprocité ; en effet, examinant attentivement le Code, on n'y voit aucune disposition qui puisse aider à fixer le montant de la réserve des pères et mères naturels ; or, dans ce cas-là, à quoi serait-on donc conduit ? à accorder aux pères et mères naturels une réserve égale à celle des pères et mères légitimes. Mais cette assimilation ne peut-être admise pour deux motifs : le premier, nous le connaissons déjà, c'est parce que les pères et mères naturels, contrairement à ce que nous avons admis, seraient traités plus favorablement que les enfants naturels ; le second est qu'en admettant cela, on s'écarterait précisément du principe de la réciprocité, puisque la portion réservée aux enfants naturels est presque toujours inférieure à la réserve des enfants légitimes, et que même, dans certains cas, elle se trouve moindre que celle des ascendants légitimes (1).

Maintenant que nous avons parlé des enfants naturels et qu'il est admis qu'ils ont droit à une réserve, nous arrivons aux enfants adoptifs. L'art. 913 ne parle que des enfants légitimes, mais il ne comprend pas les enfants adoptifs. Faut-il en conclure qu'ils n'ont aucun droit à la réserve ? Ce serait une grave erreur ; car s'ils ne se trouvent pas compris dans l'art. 913 avec les enfants légitimes, ils en ont toutefois les mêmes droits, puisque l'art. 350 du même Code accorde à l'enfant adopté les mêmes droits héréditaires qu'à l'enfant conçu en mariage, et que parmi les droits héréditaires est compris celui de faire rentrer les biens *donnés*, pour les reprendre dans la succession, comme s'ils n'en étaient pas sortis.

Mais il ne faut pas, malgré cela, aller trop loin et dire que les

(1) Zacharie. — Delvincourt, p. 66. — Dalloz, v° *succession*, p. 481, n° 4, *Jurisp. génér.*

enfants adoptifs de l'adopté auraient eux aussi droit à une réserve sur la succession du premier adoptant. En effet, l'article 350 restreint le droit successif des enfants adoptifs à la
succession de celui qui les a adoptés, tout en nous faisant remarquer que ce droit ne s'étend ni à celles des ascendants, ni
à celles des autres parents, même légitimes, de cet adoptant ;
par conséquent, à bien plus forte raison, un adopté ne peut
pas succéder au père purement adoptif de son adoptant.

Maintenant, un mot seulement quant aux enfants absents
au jour du décès du père ou de la mère : doivent-ils, de même
que les enfants légitimes et les enfants adoptifs, faire nombre
pour le calcul des réserves ? Cette question, qui a été autrefois
l'objet de vives controverses, est aujourd'hui complétement dé-
cidée par les art. 135, 136 et suiv. du Code Nap. L'art. 136 dit que
l'enfant dont l'existence n'est pas reconnue au moment du décès de son père ou de sa mère, n'est point appelé à la succession; aussi, par analogie, est-il généralement admis qu'il n'a
aucun droit à la réserve. C'est, aux termes de l'art. 135, à ceux
qui prétendent que la portion disponible a été excédée, à prouver l'existence de l'absent. Toutefois, ceci n'empêche pas le
principe de la représentation d'exister ici ; si donc l'absent
laissait des enfants et des frères, ses enfants viendraient à sa
place par représentation.

Cette décision est applicable à toutes les périodes de l'absence, parce que l'art 135 dit d'une manière générale : *l'individu dont l'existence n'est pas reconnue ;* mais cette
déchéance n'est que provisoire, d'après l'article 137 ; si donc
l'absent reparaît avant que son droit successif soit éteint par
la prescription, il aura le droit de demander un nouveau rè-
glement de la réserve.

Nous voici arrivés maintenant à un point qui offre, en droit,
les difficultés les plus sérieuses. Nous aurons deux ques-

tions à traiter, toutes deux importantes : 1° l'enfant qui renonce a-t-il droit à la réserve ? 2° doit-il être compté pour la fixt ion de la quotité disponible et de la réserve ?

1° L'enfant renonçant a-t-il droit à la réserve ? Cette question peut elle-même se décomposer en deux autres : l'enfant qui renonce sans avoir rien reçu du défunt, a-t-il une action contre les légataires ou donataires, pour faire réduire leurs legs ou donations jusqu'à concurrence de sa part de réserve? L'enfant qui renonce après avoir reçu du défunt des libéralités qui excèdent la quotité disponible, a-t-il le droit de les retenir vis-à-vis de ses cohéritiers, jusqu'à concurrence non-seulement de la quotité disponible, mais encore de sa part de réserve? Sur le premier point, l'ancien droit coutumier ne présentait point de difficultés sérieuses ; l'enfant qui renonçait *nullo accepto* n'avait aucun droit d'action ni contre ses cohéritiers, ni contre les légataires ou donataires, pour obtenir sa légitime. Il subissait l'application rigoureuse de la maxime : *Non habet legitimam, nisi qui hæres est.*

L'enfant qui renonçait, au contraire, après avoir reçu quelque chose du défunt, était autorisé à imputer ce qu'il avait reçu sur sa légitime. Il est vrai que, dans la plupart des coutumes, il ne pouvait pas profiter en même temps de la quotité disponible, parce que les qualités de donataire et de légitimaire étaient considérées comme exclusives l'une de l'autre. C'était seulement dans les coutumes dites de préciput, comme celle de Nivernais, que l'enfant était autorisé à retenir à la fois sa légitime et la quotité disponible.

A côté de la légitime se plaçaient, dans notre ancien droit, les réserves coutumières destinées à la conservation des propres dans les familles. Nul ne pouvait y prétendre, soit par droit d'action, soit par droit de rétention, que s'il se portait héritier.

Notre Code a-t-il suivi, pour l'établissement de la réserve, le système de la légitime ou celui des réserves coutumières ? A-t-il maintenu la distinction qui existait, dans l'ancien droit, entre la renonciation *aliquo accepto* et celle *nullo accepto*? Nous ne trouvons aucune trace d'une semblable distinction dans les textes de notre Code, si ce n'est dans l'article 924, qui primitivement paraissait consacrer le droit de rétention de la réserve au profit de l'héritier renonçant. Mais cet article a été modifié de façon à ne pouvoir s'appliquer qu'à un héritier acceptant.

Il s'agit donc de savoir si, sans distinguer entre le droit d'action et le droit de rétention, la qualité d'héritier est nécessaire pour avoir droit à la réserve. Le Code suppose dans plusieurs articles la qualité d'héritier chez les réservataires, et indique en même temps que la réserve n'est qu'une portion de la succession. Ainsi l'article 914 dit que les descendants réservataires ne sont comptés que pour l'enfant qu'ils représentent *dans la succession* du disposant; l'art. 917 emploie cette expression : *les héritiers au profit desquels la loi fait une réserve*. L'art. 922 dit que la quotité disponible se calcule sur les biens du défunt *eu égard à la qualité des héritiers qu'il laisse*. Or, aux termes de l'art. 785, l'héritier qui renonce est censé n'avoir jamais été héritier. *Voyez* aussi les art. 917, 920, 921, 932, 1003, 1004 et 1006.

Remarquons en outre que la réserve n'est pas fixée individuellement pour chacun de ceux qui y ont droit; elle est fixée comme une masse collective par l'art. 913 qui, en déterminant la quotité disponible, fixe à *contrario* le montant de la réserve. Cette division des biens du testateur en deux portions corrélatives indique bien qu'il s'agit d'un ensemble d'une masse héréditaire; l'enfant n'a pas droit à sa réserve en vertu d'un droit propre et individuel, mais comme prenant part dans cette masse héréditaire. Enfin l'art. 845 du Code Nap. semble formel en faveur de notre opinion. *L'héritier qui renonce à la succession, dit-il, peut cependant retenir le don entre-vifs, ou réclamer*

*le legs à lui fait jusqu'à concurrence de la quotité disponi-
ble.* Il ne peut donc pas en même temps le retenir et le réclamer
jusqu'à concurrence de sa part de réserve.

2° L'enfant renonçant est-il compté pour déterminer la quotité disponible? Autrefois on admettait l'affirmative, lorsque
c'était par suite de donations, de legs reçus du testateur, que
l'enfant renonçait ; car nous avons vu qu'en renonçant il était
autorisé à retenir sa portion de légitime ; les dons et legs qui
lui étaient faits s'imputaient donc sur cette légitime, et, par
suite, il y faisait part absolument comme s'il fût venu à la
succession. Si, au contraire, un enfant venait à renoncer sans
avoir reçu aucune libéralité, il n'était pas compté dans la succession, et la part qui lui serait revenue, profitait ainsi aux autres légitimaires, non par droit d'accroissement, mais bien *jure
non decrescendi.*

La réserve étant fixée d'une manière uniforme, quel que fût
le nombre des enfants, la question ne souffrait pas de sérieuses
difficultés. Dans le droit actuel, il en est autrement.

Dans un premier système, on soutenait que la renonciation
de l'un des enfants ne change en aucune façon la réserve.
Voici l'exposé rapide de ce système : sous l'empire du Code,
disent ses partisans, alors que l'art. 913 détermine la réserve
et la portion disponible d'après le nombre d'enfants que le
défunt laisse à son décès, il n'y a pas lieu de distinguer entre
ceux qui acceptent et ceux qui renoncent, et à plus forte raison,
parmi ces derniers, entre ceux qui renoncent *aliquo dato* ou
nullo dato.

Que dit, en effet, la loi? que le père ne peut disposer que d'une
portion déterminée de ses biens, portion qui est plus ou moins
considérable, selon qu'il laisse plus ou moins d'enfants. A-t-il
trois enfants, il ne peut disposer que d'un quart; n'en a-t-il que
deux, il peut disposer d'un tiers.

Le nombre d'enfants est la seule base à laquelle on doive

5

s'arrêter pour déterminer la quotité disponible. Quand se trouve donc précisée cette disponibilité ? c'est au moment du décès du père ; par conséquent, la renonciation d'un enfant, qui est un fait entièrement postérieur à cette fixation, ne peut changer ce qui a été consommé. En effet, pendant sa vie, le père, d'après le nombre des enfants qu'il possédait, avait droit de disposer de sa fortune dans une portion déterminée ; il n'a donc pas pu la dépasser de son vivant, alors même que, par suite de cette renonciation postérieure, il se trouve ne pas avoir attaqué la réserve de ses enfants. Ce sont, pour la réserve, tous les enfants qui doivent être comptés, sans distinction de ceux qui acceptent ou de ceux qui renoncent. Parmi les partisans de ce système, le plus grand nombre font profiter de la part de réserve qu'aurait eue le renonçant, ses cohéritiers acceptants. Ils appliquent le droit d'accroissement établi par l'article 786 du C. N. Quelques-uns, au contraire, font profiter de la renonciation les légataires ou donataires.

Mais, dans un autre système, et celui-ci me paraît présenter plus de garanties et être plus conforme à la justice, on ne compte jamais pour le calcul de la réserve l'enfant qui a renoncé. Ce calcul ne doit jamais se former que d'après le nombre des enfants héritiers ; car ici il faut admettre tout d'abord que la réserve est non un droit individuel, comme l'ancienne légitime, mais bien une masse à partager.

Nous avons établi que, pour avoir droit à la réserve, il faut être héritier du *de cujus* ; on ne peut être tout à la fois réservataire et renonçant.

Dans le premier système, on calcule la masse à partager d'une manière que nous ne pouvons admettre : on veut, nous l'avons vu, compter le nombre des enfants existant au décès du disposant, tandis qu'il nous paraît beaucoup plus rationnel de fixer la quotité disponible d'après le nombre des enfants héritiers. On veut qu'on s'en tienne simplement aux mots employés par la loi, et comme dans l'article 913 il n'est parlé que des enfants que le disposant *laisse à son décès*, on en conclut, dans l'opinion contraire, que ce sont tous les enfants en général existant à cette époque, qui doivent être comptés. Quant à nous, nous croyons pouvoir soutenir que lorsque l'art. 913 parle *des enfants laissés au décès*, etc., il veut dire les enfants laissés au décès, mais pour *héritiers*. On peut invoquer à l'appui de cette manière d'entendre la loi les art. 746-749-757, 767, etc.

Ainsi l'art. 913 signifie que le disposant aura droit de disposer de moitié, s'il laisse un enfant pour héritier ; du tiers, s'il laisse deux enfants pour héritiers ; du quart, s'il en laisse trois ou plus pour héritiers. Du reste, ce qui le fait bien voir, c'est qu'il ne s'agit ici que de la transmission des biens, et qu'alors, comme les enfants qui renoncent restent entièrement étrangers à ces biens, il était inutile de prévenir que ce n'était pas d'eux qu'il était question, mais bien de ceux qui étaient héritiers par suite de leur acceptation.

D'ailleurs la plupart des auteurs sont d'accord sur ce sujet : si le père laisse à son décès un fils et un frère, par exemple, quelle est la quotité disponible, si le fils vient à renoncer à la succession de son père ? C'est la totalité même de ces biens. Mais pourtant ici le disposant laisse à *son décès un enfant légitime existant*, et, d'après l'art 913, lorsque le disposant laisse à son décès un enfant légitime, il ne peut disposer de plus de la moitié de ses biens. De même, s'il laisse deux enfants légitimes et un frère ou tout autre collatéral, et que les deux enfants légitimes viennent à renoncer à la succession, la quotité disponible est la totalité des biens, au lieu d'être un tiers comme cela devrait avoir lieu d'après le même art. 913, puisqu'à son décès le défunt laissait deux enfants légitimes. S'il en est ainsi, c'est donc précisément parce que, comme nous le disions, pour être compté parmi ceux ayant droit à la réserve, et par conséquent, diminuant d'autant la quotité disponible, il faut être héritier ; donc les mots *s'il laisse un enfant, deux enfants, trois enfants*, doivent être ainsi entendus : s'il laisse un, deux ou trois enfants *qui soient ses héritiers*.

Du reste, l'art. 913 n'est pas le seul sur lequel on puisse faire cette remarque et dans lequel on puisse voir un sens autre que celui qu'il aurait, si on s'attachait rigoureusement aux mots. Les art. 914-915-916 sont conçus de la même façon. Par exemple, dans l'art. 915, on dit qu'à *défaut* d'enfants, la réserve sera attribuée aux ascendants ; il est bien évident que là encore on a entendu dire qu'elle leur serait attribuée de même, lorsqu'il y aurait des enfants renonçants. Dans l'art. 916, on voit qu'à défaut d'ascendants ou de descendants, la totalité des biens peut être épuisée en libéralités. Ici encore les descendants et ascendants renonçants sont compris dans cet article, et il est clair qu'il ne s'agit pas du défaut absolu de réservataires, mais seulement du défaut d'enfants ou d'ascendants appréhendant les biens par suite de leur acceptation. D'un autre côté, l'art. 785 ne consacre-t-il pas aussi ce principe lorsqu'il déclare que l'héritier qui renonce est censé n'avoir *jamais* été héritier ; il est donc comme s'il n'existait pas et n'avait jamais existé, comme si son décès avait précédé celui du disposant ; or il est évident que les enfants qui n'existaient pas au décès du disposant, ne sont pas comptés pour la réserve. Par conséquent, les enfants renonçants étant considérés comme n'existant pas au décès du *de cujus*, ne doivent pas être comptés pour la réserve.

L'art. 786, qui fait suite à l'art. 785, n'est que le corollaire du premier, auquel il vient ajouter une nouvelle force ; en effet, cet article nous dit que toute renonciation aura pour effet de produire soit un droit d'accroissement, soit un droit de dévolution. Il pourrait être permis de douter et de demander quel est ici celui de ces droits qui produira son effet, si cet article n'était pas précédé de l'art. 785, qui vient répondre à la question posée sans qu'après il puisse exister aucun doute.

On oppose l'art. 786 à l'art. 785, et l'on veut qu'il y ait ici accroissement ; mais l'accroissement est l'attribution à un plus petit nombre d'héritiers de la même *masse* qui devait d'abord se partager entre un plus grand nombre. Dans la succession ordinaire, la circonstance qui fait que les héritiers renoncent ne change pas l'importance de la masse, qui est toujours la même ; mais, dans la réserve, la masse composant la succession réservée varie suivant le nombre des enfants, diminue avec ce nombre, et rend par conséquent l'accroissement impossible. Toutefois il y a une exception à ce principe. L'accroissement, en effet, a lieu lorsque le nombre des enfants dépasse trois, parce qu'alors, malgré la renonciation de quelques-uns, la réserve ne se trouve pas inférieure aux trois quarts.

L'art. 914 ajoute que non-seulement les enfants, mais encore leurs descendants ont droit à une réserve, et cela à quelque degré qu'ils soient ; mais comme ici ils représentent leur père, il est évident qu'ils n'ont droit qu'à la réserve à laquelle leur père lui-même avait droit ; si donc, dans ce cas-là, un de ces enfants vient à renoncer à la part qui lui revient dans cette réserve, il y aura bien évidemment ici accroissement, car il s'agit d'une part fixée d'avance qui devait être partagée entre le renonçant et ses frères, et qui leur aurait appartenu à chacun en totalité, s'ils n'avaient point eu de frères qui eussent concouru avec eux par suite de la représentation ; il en est ainsi alors même que les petits-enfants, au lieu de venir par représentation, sont appelés de leur chef à succéder au disposant.

DE LA RÉSERVE DES ASCENDANTS.

Les ascendants, pourvu bien entendu qu'ils soient appelés à la succession du disposant, ont droit à une réserve.

Dans le droit romain, une légitime leur était due ; le Digeste accordait à l'ascendant un quart de ce qu'il aurait eu *ab intestat*. (Inst. *de inoff. test.*, § 1, 3, 6. — L. 1 et 8, § 8. D. *de inoff. test.*) Mais cette part fut changée par Justinien, qui régla la légitime dans sa novelle 18 ; ici l'ascendant eut droit, non plus au quart, comme sous l'empire du Digeste, mais au tiers des biens du défunt. C'est ainsi que la légitime est interprétée dans le chapitre 1er de cette novelle par Cujas, Doneau et autres. Mais cette novelle 18 fit naître des difficultés qui séparèrent les jurisconsultes. Les frères et sœurs du défunt étaient appelés à sa succession conjointement avec les ascendants. Si ces derniers avaient seuls été appelés, il n'y aurait eu aucune difficulté ; mais le concours des frères et sœurs fit qu'on se demanda si les ascendants avaient droit pour réserve au tiers de tous les biens laissés par le défunt, ou seulement au tiers des biens qu'ils auraient eu dans la succession *ab intestat*. Les uns soutenaient que la légitime devait être une portion de ce qu'ils auraient eu : *portio portionis quam quis haberet ab intestato* (Bartole) ; d'autres, au contraire, que la novelle 18 voulait, par sa disposition, que la légitime fût du tiers de tous les biens (Balde). Domat partagea cette dernière opinion, et d'Aguesseau, dans l'art. 61 de l'ordonnance de 1735, la fit ériger en loi : « La quotité de la légitime » des ascendants, dans les lieux où elle leur est due, sur les » biens de leurs enfants ou descendants qui n'ont pas laissé » d'enfants et qui ont fait un testament, sera réglée eu égard » au total desdits biens, et non sur le pied de la portion qui

» aurait appartenu auxdits ascendants, s'ils eussent recueilli
» leurs biens *ab intestat* concurremment avec les frères ger-
» mains du défunt. »

Le droit coutumier, au contraire, fut moins juste à l'égard
des ascendants, et oublia complètement les liens d'affection
qui devaient unir entre eux les ascendants et leurs enfants,
ainsi que les devoirs qui devaient résulter de cette affection ;
il leur refusa en général une légitime : les propres ne remontent
pas, disait-on ; quant aux meubles, acquêts et conquêts immeubles, les enfants pouvaient en disposer sans rien laisser à
leurs ascendants. (Furgole. — Test. viii, 2. — Argou. — Ricard, *donat.* — Merlin, v° *légitime.*)

La loi du 4 germinal an VIII fut guidée par des motifs de
raison et de justice ; elle vint détruire entièrement le principe
admis par le droit coutumier, et accorda aux ascendants une
légitime fixée à la moitié des biens que laissait le *de cujus*
décédé sans enfants. Le droit romain et la loi du 4 germinal
an VIII accordaient une réserve aux ascendants, en se fon-
dant sur les rapports intimes qui devaient exister entre les
ascendants et leurs enfants.

Le Code Napoléon ne pouvait pas n'accorder aucun droit
aux ascendants ; aussi accepta-t-il ces principes sans aucune
difficulté ; mais il ne copia pas textuellement ceux adoptés par
la loi du 4 germinal an VIII, tout en trouvant juste de s'écarter
aussi du droit romain.

D'abord on fixait à la moitié la légitime des ascendants ;
ensuite il fut proposé, de la part du conseil d'Etat, d'établir une
réserve, tant pour les ascendants que pour les frères et sœurs.
Le tribunat proposa une nouvelle rédaction, après avoir fait
supprimer la légitime des frères et sœurs, et cette nouvelle pro-
position fut adoptée, du moins en grande partie.

L'article 915 règle donc définitivement la réserve des ascendants : « Les libéralités par acte entre-vifs, dit cet article, ou

» par testament, ne pourront excéder la moitié des biens, si, à
» défaut d'enfant, le défunt laisse un ou plusieurs ascendants
» dans chacune des lignes paternelle et maternelle, et les trois
» quarts, s'il ne laisse d'ascendants que dans une ligne. »

M. Levasseur veut qu'ici le mot *biens* soit employé pour
désigner la portion de biens que l'ascendant eût eue dans la
succession *ab intestat*. Mais cette doctrine a été réfutée par
M. Grenier, et n'est pas admise par le plus grand nombre des
auteurs; presque tous admettent que le Code a voulu, par le
mot *biens*, désigner tous les biens composant la succession.

Un fait qui se passe dans notre droit et qui fait l'étonnement
de nombreux auteurs, c'est que les frères et sœurs, qui n'ont
droit à aucune réserve, excluent, dans une succession *ab intestat*,
les ascendants qui y ont droit. La raison en est que les successions sont réglées d'après l'ordre des affections présumées du
défunt; d'ailleurs les ascendants sont censés ici se retirer par
un motif d'affection qui les pousse à laisser entre les mains des
frères et sœurs, leurs petits-enfants, des biens que ceux-ci
seraient plus tard appelés à recueillir dans la succession de ces
mêmes ascendants. Quant aux motifs qui avaient fait admettre
une réserve en faveur des ascendants, en la refusant aux frères
et sœurs, c'est parce que les enfants, par une réciprocité qui vient
de la nature elle-même et qui ne peut être que louée, doivent
assurer l'existence de ceux à qui ils doivent leur vie, leur
entretien et leur éducation. De pareils motifs ne pouvaient point
être invoqués par les frères et sœurs pour obtenir une réserve.

Ce n'est qu'autant qu'on est apte à succéder qu'on a droit
à une réserve. Il ne suffit pas qu'un descendant soit mort
sans enfants ou descendants d'eux, pour que ses aïeuls viennent
à sa succession; la condition indispensable est qu'ils soient
appelés à cette succession. (Grenier, t. 19, 570.) Ceci est du
reste bien évident, car, comme la disposition elle-même des
mots l'indique, pour être *héritier* réservataire, il faut d'abord

être héritier. C'est donc dans l'ordre où la loi les appelle à succéder que les ascendants sont appelés à recueillir les biens réservés. Si donc le père et la mère existent tous les deux, il s'ensuit que chacun d'eux a droit à une réserve d'un quart de la succession, en excluant pour cette partie les ascendants les plus éloignés.

Si, dans la même ligne, ce sont des ascendants au même degré qui se trouvent appelés, sans qu'il y ait ni père ni mère, ils partagent par égales portions la moitié qui leur est accordée par la loi, sans que ceux d'un degré plus éloigné puissent venir par représentation de leur fils ou fille prédécédé ; car, d'après l'art. 741, la représentation n'a pas lieu en ligne ascendante ; l'ascendant le plus éloigné est toujours exclu par le plus proche.

Du reste, cette disposition de la loi est juste. La réserve, a-t-on dit, n'a été introduite que dans le but d'assurer à certains parents privilégiés une portion de l'hérédité qui puisse subvenir à leurs besoins. Il devenait donc inutile, ou tout au moins il n'était pas nécessaire d'établir un droit semblable en faveur de l'aïeul, s'il se trouvait avant lui, parmi les héritiers du défunt, soit le père ou la mère, soit des frères et sœurs.

En effet, dans le premier cas, c'est-à-dire si l'ascendant se trouve exclu de l'hérédité du défunt par le père de celui-ci, ce dernier est obligé, en vertu de l'art. 205 du Code Napoléon, de fournir des aliments à cet ascendant dont lui-même est le fils ou le petit-fils.

Dans le second cas, lorsque ce sont des frères et sœurs qui sont avant l'aïeul, le même article impose à ces frères et sœurs la même obligation envers l'ascendant. Il n'y aurait d'exception que si les frères et sœurs n'appartenaient pas à la même ligne que l'ascendant, ce qui se présente quand, par exemple, des frères et sœurs utérins excluent un ascendant paternel. Il est donc facile de comprendre que, dans les deux cas dont il vient d'être parlé, les droits des ascendants, se trouvant en général garantis par certaines dispositions du Code, il était inutile de leur accorder encore une réserve.

Mais si le père ou les frères et sœurs venaient à renoncer à la succession du défunt, il y aurait dévolution de la succession au profit des ascendants, dévolution qui leur donnerait la qualité d'héritiers, et par là même le droit à la réserve. En effet, il a été prouvé que l'héritier qui renonce est censé n'avoir jamais existé quant à la succession; l'art. 785 ne laisse aucun doute à ce sujet. Alors, dans l'espèce dont il est question, par la renonciation des frères et sœurs, les ascendants se trouvent avoir été saisis dès l'ouverture de la succession; l'art. 785 nous fait voir aussi que du moment que ces ascendants sont héritiers, ils deviennent par là même réservataires. On comprend d'autant mieux que cette renonciation ouvre le droit des aïeuls à la réserve, qu'ils verraient mise à néant, par suite de cette renonciation, l'espérance qu'ils avaient dans la piété de leurs petits-enfants.

Il faut bien remarquer, malgré cela, l'incohérence que nous avons déjà mentionnée, lorsque la loi, pour la succession ordinaire, préfère les frères ou sœurs descendants d'eux aux ascendants autres que les père et mère, tandis que le contraire a lieu pour la succession réservée; mais cette réserve accordée aux uns, refusée aux autres, a été justifiée précédemment. D'ailleurs les ascendants n'ont droit à la réserve qu'en qualité d'héritiers; aussi ne peuvent-ils la prendre que d'après les règles qui les appellent à recueillir la succession ordinaire; c'est ce que déclare l'art. 915, qui veut qu'ils ne puissent recueillir les biens réservés que dans l'ordre où la loi les appelle à succéder. Éclairons ceci par un exemple. Il ne se trouve qu'un seul ascendant dans une ligne; c'est à lui seul qu'appartiendra le quart réservé pour cette ligne; s'ils sont deux du même degré, ils auront chacun un huitième, c'est-à-dire chacun la moitié de ce quart ; s'ils étaient trois, ils auraient chacun le tiers du quart, c'est-à-dire un douzième; quatre, chacun un seizième ou le quart du quart. S'il se trouve des ascendants de divers degrés, le quart appartient alors à celui ou à ceux qui sont les plus proches en degré.

La portion réservée pour chaque ligne est toujours la même, quel que soit le nombre des ascendants qui la recueillent, qu'ils soient un, deux, trois, etc., et aussi quel que soit leur degré ; aussi la renonciation faite par un ou plusieurs ascendants au même degré produit-elle l'accroissement au profit des autres, et la renonciation de celui qui est en degré le plus proche produit la dévolution au profit du degré subséquent. Mais ni l'accroissement ni la dévolution ne sont possibles d'une ligne à l'autre.

Pour l'accroissement, aucun doute ne peut exister, car il n'a lieu qu'entre cohéritiers appelés à une même succession ; mais l'art. 733 appelle séparément les ascendants des deux lignes aux deux moitiés du patrimoine qui leur revient, et qui forme deux successions distinctes l'une de l'autre. On voit donc par là que les ascendants d'une ligne ne sont jamais cohéritiers avec ceux de l'autre ligne, et que par conséquent l'accroissement ne peut avoir lieu ici entre eux. Nous en avons une preuve assez convaincante dans l'art. 733.

D'après les dispositions de cet article, si les ascendants de la ligne paternelle renonçaient tous, la moitié à laquelle ils ont droit, et qui forme leur succession spéciale, passerait aux collatéraux de la ligne paternelle, fussent-ils en douzième degré, sans que les ascendants de la ligne maternelle, si proches qu'ils fussent, y eussent aucun droit. Quant à la dévolution de la réserve, elle ne peut avoir lieu davantage dans le cas dont il est question en ce moment. Un exemple mettra à même de comprendre combien il serait difficile qu'il en fût autrement. Il n'existe dans la ligne paternelle ni ascendant ni collatéral, ou tous les

ascendants ou collatéraux appelés d'abord à cette succession
ont été déclarés indignes ou sont renonçants ; les ascendants
de la ligne maternelle se trouvent alors appelés à la totalité du
patrimoine ; malgré cela, ils n'auront pas droit à une réserve
de moitié, mais seulement à celle d'un quart.

Il est facile d'expliquer comment il en est ainsi : les ascendants de la ligne maternelle, quoique appelés à avoir ces deux
moitiés du patrimoine, ne les prennent cependant pas au même
titre. En effet, ils sont considérés bien moins favorablement
dans l'une de ces lignes que dans l'autre : dans la ligne paternelle, ils sont moins considérés que des collatéraux même au
douzième degré, puisque, si un seul de ces collatéraux existait
dans cette ligne paternelle, il prendrait cette moitié, à l'exclusion des ascendants maternels, alors même qu'ils seraient plus
proches que lui en degré. Du reste, le texte de la loi est formel à cet égard ; l'article 915 nous dit en termes très-explicites
que s'il n'y a d'ascendants héritiers que dans une ligne, la
quotité disponible est, dans ce cas, des trois quarts.

Si les frères et sœurs sont absents, que faut-il décider? S'ils
laissent eux-mêmes des enfants ou descendants, ceux-ci pourront exclure les ascendants. Mais si les frères et sœurs n'ont
laissé ni enfants ni descendants, il faut considérer leur place
comme vacante. Ainsi, les ascendants qui n'auraient pu être
admis à réclamer une réserve, si les frères et sœurs avaient été
présents au moment du décès du défunt, ont droit à cette réserve, quand ceux-ci sont absents.

La même raison qui leur a fait accorder ce droit lorsque les
frères et sœurs renoncent, milite en faveur des ascendants en
cas d'absence. Mais il est bien entendu que ceci n'enlève aucune force aux art. 131 et 132 du Code Napoléon, et que si les
absents viennent à reparaître, ils auront le droit de demander
compte aux ascendants, conformément à ces articles.

Si maintenant l'ascendant successible vient lui-même à re-

noncer, quelle sera l'influence de cette renonciation? La succession sera dévolue soit aux ascendants qui concouraient avec
lui, soit aux ascendants du degré suivant, soit enfin aux collatéraux de la même ligne.

Lorsque la part de l'ascendant renonçant accroîtra ou sera
dévolue à d'autres ascendants de la même ligne, il y aura également accroissement ou dévolution de sa part de réserve. Si,
au contraire, elle est dévolue à des ascendants de l'autre ligne,
ceux-ci ne verront pas augmenter la réserve du quart, qui leur
est attribuée par la loi.

Quant aux collatéraux, une question s'est élevée pour savoir
s'ils ont droit à une réserve comme l'ascendant renonçant, dont
ils tiennent lieu et place. Cette question a été posée par suite
d'un arrêt de la cour de Caen, qui l'avait jugée en faveur de la
dévolution de la réserve aux collatéraux. (Dalloz, 26, 2, 197.)

Peu d'auteurs ont admis cette opinion, car elle est contraire
à tous les principes qui ont été émis. La réserve ne peut avoir
lieu au profit des collatéraux, elle n'a jamais été créée en leur
faveur, et la renonciation de l'ascendant ne peut donner lieu à
représentation.

Quant aux parents des père et mère d'un enfant naturel reconnu, ils n'ont aucun droit de succession sur les biens de cet
enfant, et, à plus forte raison, ne peuvent avoir une réserve.
Réciproquement les enfants naturels n'ayant aucun droit sur la
succession de ces mêmes ascendants, la loi ne leur a accordé
aucune réserve sur leur patrimoine.

Quels droits, en effet, les enfants naturels reconnus pour-
raient-ils donc invoquer pour réclamer une réserve sur les biens
du père ou autres ascendants des père et mère qui les ont reconnus? Leur reconnaissance, il est vrai, a bien établi un lien
de parenté entre eux et le père et la mère qui les ont reconnus;
mais ce même lien ne s'est point étendu jusqu'aux parents de

ces père et mère. Il n'a pu se faire que la loi accordât ce droit
à des enfants dont la naissance est entachée d'un vice ; elle n'a
pu forcer les ascendants à les accepter, malgré eux, comme héritiers, ce qui serait arrivé, si la loi leur eût accordé une réserve :
les enfants illégitimes ne sont pas dans la famille.

Un autre point sur lequel tous les auteurs sont d'accord,
c'est que la réserve due aux ascendants n'existe pas pour le père
adoptif, et ceci résulte clairement de l'art. 351 C. N. : *Si
l'adopté meurt sans descendants légitimes, les choses don-
nées par l'adoptant, ou recueillies dans sa succession, et qui
existeront en nature lors du décès de l'adopté, retourneront
à l'adoptant,* etc. D'après ces mots de l'art. 351 : *et qui existent
en nature*, on voit que la loi n'accorde au père adoptif des droits
successifs vis-à-vis de l'adopté et de ses descendants (art. 352)
que pour les biens qui proviennent de lui adoptant, et qu'il n'a
aucun droit sur les biens aliénés : or, dans le cas qui nous occupe, les biens donnés par le père adoptant ont été aliénés, ils
ont été mis hors du patrimoine, hors de la succession ; ils
n'existent donc plus en nature dans cette succession ; par conséquent, le père adoptant n'a aucun droit pour les réclamer et
obtenir une réserve. Mais, bien entendu, si le père adoptif n'a
pas droit à une réserve, à bien plus forte raison l'aïeul n'en
a-t-il aucun lui aussi ; en effet, il n'y a aucun lien de parenté
entre l'aïeul et l'enfant adopté ; aucune réciprocité n'existe entre
eux ; car l'enfant adopté, en entrant dans la famille de l'adoptant, n'acquiert aucun droit de successibilité sur les biens des
parents de ce même adoptant. (Art. 350 C. N.)

Nous venons de dire que l'aïeul, père de celui qui avait adopté
l'enfant qui est venu à décéder, n'a droit à aucune réserve sur
les biens de cet enfant ; occupons-nous maintenant de l'ascendant donateur. Ici se présente une question qui a été l'objet
d'une vive controverse : selon l'opinion aujourd'hui dominante,

l'ascendant donateur n'a jamais de réserve à exercer, en qualité de donateur, sur les biens dont le donataire a disposé; en effet, la réserve est la quotité des biens qui doit être laissée par le défunt à ses héritiers, sans qu'il puisse en disposer autrement qu'à titre onéreux. Le donateur, au contraire, n'est appelé à succéder aux biens qu'il a donnés, que lorsqu'ils se trouvent dans la succession du donataire, sans avoir à se prévaloir, s'ils ne s'y trouvent pas, de la disposition à titre gratuit que celui-ci aura pu en faire. Un exemple mettra plus à découvert ce principe :

Un individu meurt et laisse son père, sa mère et un aïeul; ce dernier lui avait donné une propriété valant 50,000 fr.; le défunt, par testament ou donation, en avait aliéné les quatre cinquièmes; que prendra ici l'aïeul? Il n'aura droit qu'au cinquième qui reste; mais il ne pourra pas invoquer l'art. 915 pour se dire réservataire et reprendre au légataire une partie des biens à lui donnés par le défunt. En effet, comment l'ascendant donateur pourrait-il faire une semblable réclamation ? Il lui faudrait pour cela être héritier réservataire; or il n'est héritier, d'après la loi, que pour la partie des biens donnés qui se retrouvent en nature dans la succession. Mais, lorsque l'ascendant donateur joint à sa qualité d'héritier donateur celle d'héritier ordinaire, ce droit de réserve, qu'il ne peut invoquer dans le cas précédent, doit, au contraire, lui être accordé; car alors il se trouve héritier dans la succession ordinaire, et a droit à une réserve qui ne peut pas se calculer sur les biens donnés qu'il retrouve dans la succession. Ceci est trop évident pour qu'on puisse douter; car il est facile de voir qu'ici il se trouve deux successions bien distinctes l'une de l'autre : l'une comprend les biens donnés par l'ascendant, l'autre les biens ordinaires. Ces deux successions sont réglées par des règles différentes, et n'ont rien de commun entre elles; la première, en effet, revient à l'ascendant donateur, la seconde est dévolue aux ascendants qui se trouvent au degré le plus proche dans chaque ligne. Une autre différence qui sépare encore ces deux successions, c'est qu'ainsi qu'il a été dit plus haut, la seconde est soumise à une réserve dont est affranchie la première. Or, une fois ce principe admis, que ces deux successions sont distinctes l'une de l'autre, si le père est appelé à prendre l'une comme donateur, cela ne peut en aucune façon changer les droits qu'il a sur l'autre, comme étant l'ascendant le plus proche.

Exemple : un père avait donné à son fils une propriété, valeur 100,000 fr.; ce fils vient à mourir après en avoir donné la moitié et 100,000 fr. d'autres biens dont il a disposé en totalité. Son père et sa mère sont ses seuls héritiers; comme héritier donateur, le père prend tout d'abord les 50,000 fr. restants des biens qu'il avait donnés à son fils, puis ensuite, d'après l'art. 915, il a droit à une réserve d'un quart comme héritier ordinaire. Or les biens composant la succession ordinaire, c'est-à-dire les 100,000 fr., ont été donnés en totalité par le défunt, il n'en reste plus rien dans la succession; le père, héritier réservataire, fera donc rendre au donataire un quart des 100,000 fr. de biens ordinaires, c'est-à-dire 25,000 fr., et, de son côté, la mère, étant héritière, elle aussi, pour un quart, aura droit à vingt-cinq autres mille francs, de sorte que le donataire ne pourra plus garder ici que 50,000 fr. (Grenier, *Donat.*, 11-598. —Favard, v° *succ.*, 3, § 2.—Delaporte, *Pand. franc.*, art. 747. — Vazeille, n° 10. —Marcadé, p. 111, n° 3.)

C'est seulement (art. 916) à défaut d'ascendants ou de descendants que l'on peut épuiser la totalité de ses biens par disposition à titre gratuit. Aussi le défunt devait-il laisser cette réserve franche de conditions ou de dispositions onéreuses. Mais, en enlevant au testateur le droit de disposer de ce qui compose la réserve, on lui a laissé toute latitude pour disposer du surplus de ses biens.

L'art. 917 s'occupe du cas où le testateur donne, par actes entre-vifs ou par testament, un usufruit ou une rente viagère dont la valeur excède la quotité disponible. De graves débats s'étaient élevés à ce sujet dans l'ancien droit. D'après Ricard et Renusson, les dispositions d'usufruit étaient réductibles dans les mêmes limites que les dispositions en pleine propriété. Si on devait laisser au successible la moitié de ses biens, il fallait lui laisser également la moitié de l'usufruit, et toute disposition qui entamait cette moitié devait être réduite. Ce système s'appuyait sur la novelle 18, ch. 3. D'après Despeisses et Duplessis, au contraire, la portion disponible devait se calculer sur la valeur réunie de la nue propriété et de l'usufruit. On estimait l'usufruit donné ou légué d'après sa valeur probable, et on ne le réduisait que si l'estimation donnait un chiffre supérieur à celui de la quotité disponible et complète.

Dans le droit intermédiaire et d'après la loi du 23 nivôse an II, la disposition en usufruit ne pouvait comprendre que les mêmes biens qui pouvaient être donnés en toute propriété. C'était le système de Renusson et de Ricard. Le Code Napoléon tranche toutes ces difficultés. Il veut (art. 917) que cette disposition en usufruit ou en rente viagère ne soit pas réductible; mais alors il accorde en même temps au légitimaire le droit de forcer le donataire à recevoir la quotité disponible en pleine propriété, lorsqu'il trouve que la disposition faite par le défunt est

6

trop onéreuse pour lui (d'après Lebrun, 2, 3, 4, 5; Pothier, *Donat. test*. 4, 2, 5).

D'après cette disposition de la loi, ni le donataire ni le légataire ne peuvent se plaindre. En effet, si le légitimaire force le donataire à recevoir la quotité disponible, celui-ci n'a aucune objection à faire, puisqu'alors on lui abandonne tout ce que le défunt pouvait lui laisser; le légitimaire, ayant le droit d'opter entre l'accomplissement intégral de la disposition ou le premier moyen dont nous venons de parler, ne peut se plaindre, puisqu'il n'agira qu'à sa guise. Notre article, d'après plusieurs jurisconsultes, semble toutefois dire que ce droit n'appartient au légitimaire qu'autant qu'il est établi qu'il éprouve une perte qui ne puisse être compensée. Cette opinion est basée sur l'exposition de l'art. 917 au tribunat par M. Jaubert : « La loi ne veut
» pas que, sous prétexte de retrouver la légitime, les héritiers
» puissent altérer les dispositions dictées par la bienveillance
» ou même par les convenances. Si donc il s'agit d'une dispo-
» sition qui porte sur un usufruit ou sur une rente viagère, les
» héritiers n'auraient pas le droit de la méconnaître, par cela
» seul qu'ils opteraient de faire l'abandon de la propriété de la
» quotité disponible. Un préalable est nécessaire, c'est qu'il
» soit constaté que la libéralité excède la quotité disponible. »
(Fenet, 4, XII, p. 593.) Malgré cela, les auteurs les plus graves et aussi les plus nombreux ne sont pas partisans de cette opinion, et veulent que le réservataire soit seul juge de son droit d'option, parce qu'il est probable qu'il ne voudra changer la disposition qu'autant qu'il éprouvera réellement un préjudice. (MM. Grenier, t. IV, n° 638 ; Toullier, t. V, n° 142; Proudhon, *usufruit*, n° 338; Duranton, 8, 345; Dalloz, t. V, p. 412, n° 25; Troplong, D. et T., t. II, p. 457, n° 836.)

Si plusieurs héritiers réservataires se trouvent avoir le droit d'opter, chacun peut agir comme bon lui semble; il s'agit ici de droits divisibles, et la décision de l'un des héritiers n'influe en aucune façon sur la volonté des autres, à moins qu'il ne s'agisse d'un droit d'usage ou d'habitation; car ces droits sont indivisibles, et tous les héritiers devraient alors opter de la même façon. (Coin-Delisle, sur 917, n°° 9 et 12; M. Lescot, n° 376.)

Les légataires auxquels la quotité disponible aura été abandonnée supporteront les dettes jusqu'à concurrence des biens à eux abandonnés. MM. Proudhon, n° 341, et Dalloz, t. V, p. 413, n° 29, soutiennent au contraire qu'il ne peut en être ainsi, parce que le légataire particulier n'est pas soumis au payement des dettes, et que, dans ce cas, le titre originaire était un legs particulier.

Le père peut, d'après l'article 919, avantager un de ses enfants au préjudice des autres; mais comme il peut arriver que, non content de se borner à faire des libéralités qui lui soient permises par la loi, il cherche à l'éluder par des moyens simulés, par exemple à l'aide de contrats onéreux qui ne sont que des donations déguisées, la loi a voulu parer à cet inconvénient, et c'est ce motif qui a fait édicter par le législateur l'article 918 : « La valeur en pleine propriété des biens aliénés, » soit à charge de *rente viagère*, soit à *fonds perdu*, soit avec » *réserve d'usufruit*, à l'un des successibles en ligne directe, » sera imputée sur la portion disponible, et l'excédant, s'il y » en a, sera rapporté à la masse. Cette imputation et ce rap- » port ne pourront être demandés par ceux des autres successi- » bles en ligne directe, qui auraient consenti à ces aliénations, » ni, dans aucun cas, par les successibles en ligne collatérale. » Ainsi une présomption *juris et de jure* suppose que ces contrats sont simulés et cachent une donation. Aucune preuve n'est admise contre cette présomption, à l'exception de celle dont parle la dernière partie de l'article 918. On admet ici la règle : *Inter proximos fraus facile præsumitur.* En effet, du moment que des héritiers appelés à la succession d'un individu ont donné leur consentement à un acte qui, s'il n'était pas réel, leur porterait préjudice, cet acte est considéré comme sincère ; et lors même que, postérieurement au décès du disposant, les successibles viendraient dire que l'acte ne doit pas être valable, parce que c'est par complaisance qu'ils ont donné leur consentement, ils ne seraient pas écoutés, à moins de prouver que c'est par fraude ou violence que ce consentement leur a été extorqué. (Dalloz, arrêt de la Cour de cassation du 2 janvier 1828, 28, 1, 80.)

Mais si, parmi les successibles, les uns ont donné leur consentement à l'acte onéreux, tandis que les autres n'y ont pas figuré, les premiers ne pourront pas se prévaloir de la présomption accordée par la loi, tandis que cette faculté sera accordée aux seconds ; car ici ce sont des droits divisibles, où la volonté des uns ne doit pas dépendre de celle des autres. Ce ne sont pas seulement les successibles existant avant l'aliénation qui ont le droit d'invoquer la faveur de l'article 918 ; on y comprend aussi les héritiers nés depuis l'aliénation. (Cassat., 25 novembre 1830, Devill., 40, 1, 33; Poitiers, 23 mars 1820, Devill., 29, 2, 293 ; Toullier, t. V, n° 152; Grenier, t. II, n° 642.) En effet, l'article 918, en employant le mot *successibles*, fait bien voir qu'il doit en être ainsi, puisqu'il comprend ceux qui, au décès du disposant, ont droit à sa succession. Aussi un arrêt de la Cour d'Agen a-t-il accordé ce droit à un enfant naturel, que la reconnaissance de sa mère avait rendu son successible. (20 novembre 1847, Devill., 48, 2, 29 et 30.)

Ce consentement peut être exprès ou tacite, précéder ou suivre la donation ; de plus, il ne s'applique qu'aux cas prévus par l'art. 918. Ces contrats sont donc supposés des libéralités déguisées sous l'apparence d'un contrat à titre onéreux ; aussi faut-il, pour que l'art. 918 soit appliqué, qu'ils excèdent la quotité disponible, autrement le successible aurait le droit de les garder à titre de préciput ; car aucun texte n'empêche celui qui fait ces libéralités de donner indirectement ce dont la loi lui permet de disposer directement. Dans le cas même où la disposition excéderait la quotité disponible, le successible ne devra rapporter que l'excédant.

L'aliénation à rente viagère, à fonds perdu, ou avec réserve d'usufruit, faite par le *de cujus* au profit d'un étranger, ne rentre plus dans le cas de l'art. 918; aussi ne peut-on supposer que ce soit une libéralité. Mais lorsque c'est avec le successible que l'acte est passé, il y a lieu à application de l'art. 918. Nous voyons donc d'une manière certaine que cet article ne peut être appliqué hors les cas qu'il prévoit; aussi toutes les dispositions qui ne rentrent pas dans les trois dont parle notre article sont-elles abandonnées à l'appréciation du juge; elles sont régies par le droit commun. Mais si l'art. 918 fait peser sur ces actes une présomption rigoureuse qui les suppose libéralités, et cela sans qu'il soit permis aux successibles d'apporter aucune preuve contraire à l'appui, on admet que cette libéralité est faite avec dispense de rapport. La sévérité de la loi se trouve avoir ici pour corrélatif l'indulgence. Ceci a été admis, parce que le législateur ne pouvait pas se dissimuler que la présomption par lui établie serait quelquefois contraire à la réalité; alors, comme modification, comme tempérament, il a admis la dispense de rapport. L'aliénation n'est traitée comme une vraie libéralité que lorsqu'elle excède le disponible; alors l'excédant est réductible; mais il n'y a pas de rapport pour ce qui est renfermé dans les limites du disponible.

La présomption de l'article 918 ne doit pas être étendue en delà de ce qu'a voulu le législateur; aussi ne l'appliquerait-on pas au père, à la mère, aux descendants et aux conjoints des successibles en ligne directe. Si donc le défunt avait fait une pareille aliénation en faveur d'une de ces personnes, l'art. 911 ne pourrait être appliqué, et on ne serait pas admis à prétendre que celui en faveur de qui l'aliénation a été faite, que l'acquéreur apparent, en un mot, est une personne interposée, et que l'acte doit être annulé, parce qu'il s'adresse directement au successible lui-même. L'art. 911, dans sa disposition, dit bien, en effet, que lorsque des libéralités sont faites aux père, mère, descendants ou conjoint d'un incapable, elles sont censées faites à l'incapable lui-même ; mais ici ce n'est pas le cas de l'appliquer, parce que l'art. 918, dont nous nous occupons en ce moment, ne regarde l'aliénation comme une donation que quand elle est consentie directement à un successible; et d'ailleurs les présomptions d'interposition de personnes, étant de droit étroit, ne peuvent pas être étendues d'un cas à un autre. (Cependant, dans un cas où l'aliénation avait été consentie au mari de l'épouse successible, la Cour de Poitiers, dans un arrêt du 26 mars 1823 (Dalloz, 24,1,175), a présumé l'interposition.) Mais s'il s'agit d'un des contrats prévus par l'art. 918, passé au profit d'une personne qui n'était pas successible au moment du contrat, mais qui l'est devenue plus tard, l'art. 918 ne lui sera pas opposable, parce qu'elle n'était pas successible au moment de l'aliénation, et que c'est à ce moment qu'il faut se placer pour juger s'il y a eu déguisement ou fraude. Mais il est applicable lorsqu'il s'agit d'un contrat passé entre un fils et son père, car ici l'ascendant est successible en ligne directe. M. Delvincourt a prétendu qu'il ne s'appliquait pas aux ascendants; mais aucun auteur n'a partagé son opinion. Qu'est-ce donc maintenant que les différentes aliénations dont parle cet article ?

L'aliénation à fonds perdu est celle que consent le propriétaire, en échange de simples revenus qui ne peuvent durer que pendant sa vie. Le capital aliéné par le *de cujus* n'est ici remplacé par aucun autre capital, c'est un bien perdu quant au fonds. En voici un exemple : un père vend à son fils un immeuble moyennant la constitution au profit du père d'un usufruit sur un autre immeuble appartenant à l'enfant; il y a ici aliénation à fonds perdu, parce que la valeur de l'immeuble aliéné par le père ne se trouvera pas dans ses biens au moment de son décès ; c'est un bien complétement perdu pour la succession , puisque la mort du père éteindra l'usufruit. Ainsi la rente viagère est l'un des modes d'aliénation à fonds perdu. Mais lorsqu'il s'agit d'une rente perpétuelle , les avis sont partagés. M. Duranton émet l'idée que l'aliénation est à fonds perdu quand elle est faite moyennant une rente perpétuelle, parce que , dit-il , le fonds de la chose n'est pas représenté par un capital exigible à une époque déterminée (VII, 334). De nombreux auteurs ont réfuté cette opinion. (Toullier, V, 131, note ; M. Vazeille, n° 5 ; M. Coin-Delisle, n° 4. — Arrêt de la Cour de Rouen, maintenu en cassation le 12 novembre 1827.)

L'aliénation moyennant une rente perpétuelle n'est pas à fonds perdu, disent-ils , parce que la chose aliénée est représentée dans la fortune du père par le capital de la rente, capital que son décès n'éteint pas. Il n'y a jamais aliénation à fonds perdu quand le bien aliéné est remplacé par une valeur permanente.

Toutes les fois donc que l'aliénation est à fonds perdu ou qu'elle est faite avec réserve d'usufruit, la loi la présume une donation , tout en ne la soumettant pas au rapport.

En dehors des cas prévus par l'art. 918, les réservataires peuvent bien soutenir que la vente prétendue n'est qu'une libéralité ; mais il leur faudra prouver cette présomption : *actoris est probare*; la présomption légale n'est plus en leur faveur.

Les successibles en ligne collatérale, a-t-on dit plus haut, n'ont droit à aucune réserve ; le défunt n'a pas été, quant à eux, forcé de restreindre ses dispositions dans une entière limite ; il a pu disposer de la totalité de son patrimoine. Aussi l'art. 918, dans sa disposition finale, dit-il : « Ni dans aucun cas par les successibles en ligne collatérale. » Ainsi l'imputation et la réduction qui peuvent être demandées par les successibles en ligne directe, ne peuvent pas l'être par les successibles en ligne collatérale. Le sens des derniers mots de notre article est très-clair; édicté dans le seul intérêt de la légitime, il est bien évident qu'il ne concerne pas les héritiers qui n'ont pas de réserve, ni les successions où il n'y a pas de réserve. Or, comme les collatéraux n'ont aucun droit à une réserve, on comprend parfaitement qu'ils ne pourront demander ni l'imputation, ni la réduction dans aucun cas, c'est-à-dire qu'avec eux on n'agira pas comme on le fait avec les héritiers en ligne directe, on ne recherchera pas s'ils ont, oui ou non, consenti à l'aliénation. (M. Demante, 11-281, 7ᵉ alinéa, et M. Coin-Delisle, n° 21.) Voici en quels termes s'explique M. Demante :

« Au reste, une imputation sur la quotité disponible ne pou-
» vant jamais intéresser que des héritiers à réserve, c'est sura-
» bondamment que la loi refuse aux collatéraux, qui n'ont
» jamais droit à la réserve, la faculté d'invoquer sa disposi-
» tion. »

Mais si le père a vendu à l'un de ses enfants un immeuble soit à rente viagère, ou à charge d'usufruit, et qu'il y ait lieu à imputation sur la portion disponible, aux termes de l'art. 918, on considère la valeur de l'immeuble aliéné, non pas au moment de la vente, mais au jour du décès du vendeur. (Art. 922. — Bordeaux, 17 juillet 1845 ; et Devill., 46, 2, 410.) Mais si les détériorations ou améliorations qu'a éprouvées l'immeuble provenaient du fait du successible, il devrait être indemnisé des unes et tenir compte des autres.

Le successible contre lequel les cohéritiers ont agi pour faire déclarer nulle l'aliénation à lui consentie par le père, a-t-il le droit de réclamer les sommes qu'il aurait déboursées pour s'acquitter du payement de la rente viagère, si ces sommes excèdent le revenu de l'immeuble? MM. Melleville et Duranton (t. 7, n° 337) soutiennent l'affirmative; mais d'autres auteurs, MM. Delvincourt et Troplong, tiennent pour la négative; ces derniers se fondent sur l'art. 1332 du Code Napoléon, aux termes duquel les présomptions légales sur le fondement desquelles la loi annule un acte ou refuse une action, ne peuvent être détruites par la preuve contraire; or l'article 918 annule les aliénations à fonds perdu, en tant qu'actes à titre onéreux, et il les fait considérer comme de pures donations : on ne saurait donc admettre la preuve que l'aliénation est réellement à titre onéreux, et on doit appliquer dans le même sens cette présomption aux déboursés que le successible prétend avoir faits et les considérer comme simulés; on apporte encore à l'appui de cette dernière opinion le silence gardé par la loi à ce sujet, et les paroles prononcées par M. Jaubert à propos de la question que nous traitons en ce moment.

L'art. 919 donne au père de famille le droit de disposer des biens dont la loi lui a laissé la libre disposition, autrement dit de la quotité disponible au profit même de ses successibles; aussi le père peut-il changer l'égalité des partages, et cela lui a été accordé par la loi dans le but de lui permettre de récompenser ou de punir les enfants selon qu'ils le méritent; toutefois ce droit a été renfermé dans de certaines limites. Voici en quels termes s'exprime cet article : « La quotité disponible » pourra être donnée, en tout ou en partie, soit par acte entre » vifs, soit par testament, aux enfants ou autres successibles du » donateur, sans être sujette au rapport par le donataire ou le » légataire venant à la succession, pourvu que la disposition » ait été faite expressément à titre de préciput ou hors part. »

Ensuite vient, dans le second alinéa du même article, l'explication du préciput et la forme dans laquelle il peut être fait : « La déclaration que le don ou legs est à titre de préciput ou » hors part pourra être faite soit par l'acte qui contiendra la » disposition, soit postérieurement dans la forme des dispo- » sitions entre-vifs ou testamentaires. »

Si donc un donataire *par préciput* est appelé à une succession, il faut examiner si sa donation ne dépasse pas la quotité disponible; s'il en est ainsi, l'héritier prendra et sa part de réserve et la donation qui lui a été faite ; dans le cas contraire, il y aurait lieu à réduction. Maintenant, si le donataire par préciput renonce à la succession , il aura toujours le droit de réclamer sa donation , soit pour le tout si elle n'excède pas la quotité disponible, soit seulement pour partie , s'il en est autrement ; car, dans ce cas-là, on reviendrait à l'art. 844; on réduirait le don jusqu'à concurrence de la quotité disponible, et l'excédant serait rapporté à la masse par le successible donataire. Pour que le père puisse agir ainsi, c'est-à-dire pour qu'il puisse cumuler sur la tête de l'un de ses enfants la réserve et la quotité disponible, il faut qu'il dispense ce même enfant du rapport, ce qu'il peut faire par une clause de *préciput* ou *hors part* ; car jusqu'à preuve contraire de la part du disposant , on doit toujours supposer qu'il a voulu que sa succession fût partagée également entre ses successibles. Qu'un père ait fait une donation à un de ses héritiers, ce n'est pas une raison pour en tirer la conséquence qu'il a réellement eu l'intention de l'avantager des biens compris dans cette même donation ; la preuve qu'on peut tirer de cette libéralité n'est pas suffisante pour rompre le principe d'égalité qui doit exister entre les héritiers.

En effet, on peut très-bien croire que lorsque le disposant a, par une donation entre-vifs, fait passer de son vivant et entre les mains de son héritier une partie de ses biens, il n'a eu d'autre intention que de lui faire un avancement d'hoirie, avancement dont le but était de faire jouir plus tôt l'héritier des biens donnés, mais qui ne faisait pas présumer qu'il eût l'intention de les lui donner par préciput.

Quand c'est un legs par lequel le défunt a disposé d'une partie de ses biens, on comprend moins qu'il en soit ainsi ; il est plus difficile, en effet, d'expliquer dans ce cas-là que l'intention du disposant n'a pas été de faire un préciput en faveur du légataire ; car on ne peut pas venir donner pour les legs la raison qu'on invoque pour les donations. Le légataire n'a pas pu jouir, comme le donataire, des biens dont il a été avantagé, puisque tout droit à la chose léguée ne peut s'ouvrir qu'à la mort du testateur. Aussi, tandis que le donataire, forcé de rapporter les biens qui lui ont été donnés, en a joui pendant la vie du disposant, le légataire, au contraire, n'a eu aucune jouissance. On pourrait donc dire que son legs ne lui a servi en aucune façon, à moins que, comme le disent quelques auteurs, l'intention du testateur n'ait été seulement que l'un de ses héritiers eût la propriété exclusive de tel objet de sa succession, sauf à récompenser ses cohéritiers jusqu'à concurrence de la valeur du legs. Mais si la clause du préciput ou hors part a été insérée dans la disposition, toutes les présomptions dont il vient d'être parlé cessent d'exister devant la volonté du disposant; cette clause même indique d'une manière très-claire et très-manifeste que son intention a été de donner la préférence à l'un de ses héritiers sur les autres.

Si l'héritier accepte la succession du disposant (art. 843), il doit rapporter le *don*, quand il ne lui a pas été fait avec clause de préciput; mais s'il renonce, il faut faire une distinction : si la donation a été faite avec des biens disponibles, le renonçant a le droit de la conserver, comme si elle avait été faite avec clause de préciput; si, au contraire, elle se compose de biens réservés, il ne peut pas la retenir, puisque, par suite de sa renonciation, il a perdu tout droit à la réserve.

Du reste, il n'y a que deux manières d'acquérir à titre gratuit : par succession et par donation; mais il est bien évident que, pour recueillir une succession, il faut être héritier, et celui qui renonce à l'hérédité n'a plus le titre d'héritier, il ne peut plus recevoir du disposant que par donation ; et comme par donation on ne peut donner que ce qui est autorisé par la loi, c'est-à-dire la quotité disponible, il s'ensuit que le défunt n'a pas pu donner davantage.

Et même celui qui est donataire et héritier, quoique acceptant, ne recueille que par succession, s'il est donataire sans préciput; car son titre de donataire se trouve ici absorbé par celui d'héritier; il ne recueille la succession et la donation tout à la fois que lorsqu'il est donataire par préciput. Ceci résulte des art. 785, 845, 843 du C. N.

POSITIONS.

DROIT ROMAIN.

I. La plainte d'inofficiosité est-elle une action distincte de la pétition d'hérédité? — Non, elle n'en est qu'une espèce particulière.

II. Y a-t-il lieu à dévolution de la plainte d'inofficiosité entre les héritiers d'un même ordre? — Oui.

III. Les enfants adoptifs ont-ils droit à la légitime? — Oui.

IV. Le testament des militaires pouvait-il, depuis la novelle 115, être attaqué par la plainte d'inofficiosité? — Non.

DROIT FRANÇAIS.

I. Les héritiers réservataires renonçants doivent-ils être comptés pour le calcul de la réserve? — Non.

II. La succession anomale de l'article 747 comprend-elle une réserve? — Non.

III. Les enfants naturels ont-ils droit à une réserve? — Oui.

PROCÉDURE.

I. La caution *judicatum solvi* peut-elle être exigée par un étranger plaidant contre un autre étranger? — Non.

II. L'incompétence des tribunaux civils en matière commerciale peut-elle être proposée en tout état de cause? — Oui.

DROIT COMMERCIAL.

L'associé en commandite qui a reçu des dividendes peut-il être tenu de les restituer quand la société se trouve en déficit? — Non.

DROIT ADMINISTRATIF.

Un ministre du culte peut-il être poursuivi à raison des faits commis dans l'exercice de ses fonctions, sans avoir été préalablement déféré au conseil d'État pour abus? — Oui.

DROIT PÉNAL.

L'interdiction légale emporte-t-elle incapacité de faire un testament? — Non.

POITIERS. — IMP. DE A. DUPRÉ.

www.ingramcontent.com/pod-product-compliance
Lightning Source LLC
Chambersburg PA
CBHW071106210326

41519CB00020B/6189